Unterrichtsprojekte

Projekte im Deutschunterricht 7/8

erarbeitet von Doris Frintrop-Bechthold
unter Mitarbeit von Bruno Bechthold

herausgegeben von Johannes Diekhans

Schöningh

EINFACH DEUTSCH

www.schoeningh-schulbuch.de
Schöningh Verlag, Jühenplatz 1–3, 33098 Paderborn

Druck A 6 5 4 / Jahr 2009 08 07
Alle Drucke der Serie A sind im Unterricht parallel verwendbar.
Die letzte Zahl bezeichnet das Jahr dieses Druckes.

Druck und Bindung: Friedrich Pustet, Regensburg

ISBN 978-3-14-022311-9

Inhaltsverzeichnis

Vorwort

Projektorientiertes Arbeiten ist eine Methode, die zum unmittelbaren Bestandteil moderner Unterrichtskonzeptionen geworden ist. Als Ergänzung zu eher traditionellen Verfahren der Vermittlung hat diese Methode inzwischen Einzug gehalten in die Richtlinien aller Fächer und wird dort z.T. als Unterrichtsvorhaben verlangt.

Der vorliegende Band greift diese Erfordernisse auf, indem für zwei Jahrgangsstufen der Sekundarstufe I je ein vollständig ausgearbeitetes Projekt vorgestellt wird. Zugunsten der Praxisausrichtung des Bandes und aufgrund einer vorausgesetzten Akzeptanz dieser Methode wird dabei auf eine ausführliche Definition des Begriffs und pädagogische Begründung des Projektgedankens verzichtet.

Projektorientiertes Arbeiten bedeutet im Verständnis der Verfasser:

- Ausgehend vom Fach Deutsch als Leitfach werden die Belange anderer Fächer in den Lernprozess integriert. Die Projekte sind im Wesentlichen so ausgearbeitet, dass sie von einem Lehrer/einer Lehrerin des Faches Deutsch realisiert werden können. Die Zusammenarbeit mit anderen Fachkollegen und Fachkolleginnen ist selbstverständlich erwünscht, z.T. werden eigene Arbeitsblätter für die Fächer Musik oder Kunst angeboten.
- Schülerinnen und Schüler organisieren ihren Lernprozess unter Mithilfe der Lehrperson weitgehend selbstständig. Das Material gibt zwar Lernwege vor, lässt gleichzeitig jedoch auch Freiräume für individuelle Entscheidungen.
- Die Arbeit der Lerngruppen ist ausgerichtet auf ein attraktives und im Rahmen einer Veranstaltung oder Ausstellung vorzeigbares Produkt.

Der vorliegende Band ist Teil eines insgesamt **dreibändigen Werks** mit folgenden thematischen Akzentuierungen:

Jgst. 5/6: Wir schreiben unser eigenes Schulbuch
Wir laden ein zum Gruseln

Jgst. 7/8: Ein „Handbuch“ zu J. C. George, *Julie von den Wölfen*
Wir laden ein zum Balladenabend

Jgst. 9/10: Wir starten eine „Werbekampagne“
„GegenGewalt“ – Ein Themenabend zu Rassismus und Gewalt mit ergänzender Ausstellung

Diese Aufteilung in drei Bände soll den unmittelbaren Einsatz der Materialien im Unterricht ermöglichen und dem Lehrer oder der Lehrerin die Handhabung erleichtern, indem mit Klassensätzen gearbeitet werden kann und aufwändiges Kopieren entfällt.

Jeder Band enthält im Anhang spezielle Anmerkungen für die Lehrpersonen (Lernzielbezüge, Hinweise zum Projektverlauf und gegebenenfalls inhaltliche Ergänzungen zu einzelnen Arbeitsvorschlägen).

Das dreibändige Werk unterstützt einen Unterricht, der projektartigen Charakter besitzt. Die Einzelbände enthalten jedoch auch für den Fachkollegen und die Fachkollegin, die sich eher an traditionellen Vermittlungsformen orientieren, eine Fülle von Anregungen und Materialien, um Unterricht schülergemäß, sachgerecht und attraktiv zu gestalten. Vielleicht motivieren sie auch dazu, sich an eine Unterrichtsform heranzuwagen, die zwar unmittelbarer Bestandteil moderner Didaktikkonzeptionen ist, in der Praxis jedoch erst sehr langsam Einzug in die Schule hält.

Projekt: „Julie von den Wölfen“

(Jahrgangsstufe 7)

Projekt „produkt“: **Erstellung eines Handbuches bzw. einer Ausstellung**

Liebe Schülerinnen und Schüler!

Vielleicht ist es euch nach der Lektüre des Buches „Julie von den Wölfen“ so ergangen wie uns! Man klappt den Buchdeckel zu und hat so viel Neues und Interessantes erfahren, dass man gar nicht so recht weiß, wo man beim Erzählen anfangen soll.

Die Lebensgeschichte des dreizehnjährigen **Eskimomädchens** ist euch sicher weitgehend noch gegenwärtig. Aber könnt ihr euch auch noch an die vielen Informationen über die **Tundra** und das Leben z. B. im **Seehundlager** oder in **Mekoryuk** erinnern? Und wie sieht es mit dem Leben im **Wolfsrudel** aus? Könntet ihr noch die Einzelheiten schildern, die es Miyax ermöglichen, ein Mitglied in einem Wolfsrudel zu werden und sich entsprechend zu verhalten? Nur so konnte sie ja schließlich ihr Leben retten!

Wegen der Fülle der Informationen schlagen wir euch vor, zu dieser Lektüre eine Art „Nachschlagewerk“ zu erstellen, in dem diese vielen Informationen geordnet, aufbereitet, ergänzt und mit euren eigenen Bemerkungen, Kommentaren u. a. m. versehen werden.
Dieses „Zusatzbuch“ ist in erster Linie für **euch** als interessantes Nachschlagewerk gedacht, ihr könnt es aber auch anderen Klassen zur Verfügung stellen oder damit eure Eltern über euren Unterricht informieren. Wenn ihr kein **Buch** zusammenstellen wollt, könnt ihr mit euren Bearbeitungen auch in einer **Dokumentation oder Ausstellung** die gesamte Schulgemeinde auf diese Lektüre aufmerksam machen. Ihr könnt natürlich auch beides in Angriff nehmen. Das müsst ihr aber jetzt noch nicht entscheiden.
Damit das Arbeitspensum auch zu schaffen ist, sollt ihr arbeitsteilig vorgehen: Ihr bildet Gruppen, die sich mit möglichen **Schwerpunkten,** die sich aus der Lektüre ergeben, beschäftigen sollen.

Nach unserer Meinung bieten sich z. B. diese drei an:

1. **Miyax – ein Eskimomädchen zwischen zwei Welten**
2. **Der Wolf – ein Raub- und Rudeltier**
3. **In der Tundra überleben – Anleitung für ein „Überlebenstraining“**

Die folgenden Materialien sind nach diesen Gruppenthemen gebündelt. Seht euch am besten erst einmal die Arbeitsblätter der jeweiligen Gruppen an und entscheidet dann, zu welchem Thema ihr arbeiten wollt.

Damit aber alle aus der Klasse „auf dem Laufenden“ sind, sollen die einzelnen Gruppenergebnisse den anderen präsentiert werden, z. B. in Referaten, Info-Tafeln usw. Ihr sollt auch gemeinsam überlegen, in welcher Form die Ergebnisse in dem Buch „abgedruckt“ werden sollen. Im **Anhang** befindet sich eine Zusammenstellung von Darstellungs- und Aufbereitungsformen („Gewusst wie!"), bei Bedarf könnt ihr dort nachschlagen. Natürlich ist eine **Textverarbeitung** mit dem PC eine enorme Erleichterung, z. B. beim Überarbeiten von Texten, Einarbeiten von Korrekturen, Einfügen von Grafiken oder gescannten Bildern u.s.w.

Um die Kosten für die Herstellung des Buches zu finanzieren, könnte eine Gruppe sich auch um das Einholen von Werbeanzeigen kümmern (z. B. von Sport- oder Trekking-Geschäften u. a. m.).

1. Miyax – ein Eskimomädchen zwischen zwei Welten

Arbeitsgruppe 1 (Vorbemerkung)

Eure Arbeitsgruppe befasst sich zunächst schwerpunktmäßig mit dem Kapitel 2 des Buches: „Miyax, das Mädchen“ (S. 88–122). Sicher habt ihr noch in Erinnerung, dass sich in diesem Teil Miyax in einer „Rückblende“ an ihre Kindheit erinnert und wir so erfahren, warum sie eigentlich allein die Tundra nach Point Hope durchqueren will.
Bei der Erstellung eures Beitrages zu dem Handbuch oder der Wandzeitung könnt ihr euch an den folgenden Arbeitsvorschlägen orientieren. Seht sie euch **zunächst gemeinsam eine längere Zeit an und überlegt dann, in welchen Arbeitsschritten ihr vorgehen wollt.** Vielleicht habt ihr auch noch eigene Ideen! Sicher ist es ratsam, in eurer Gruppe **die Aufträge zu verteilen.** Dann könnt ihr noch spezieller arbeiten und evtl. noch zusätzliche Materialien (Büchereien!) besorgen!
Innerhalb eurer Gruppe müsst ihr euch natürlich **untereinander austauschen,** eure Ideen und Ergebnisse vorstellen und diskutieren. Vor allem müsst ihr euch dann wieder **gemeinsam überlegen,** wie ihr euren Beitrag zum Buch den anderen Klassenmitgliedern vorstellt (z. B. in Referaten; Darstellung der Ergebnisse auf Folien; Fotos, Zeichnungen, Skizzen; Vorlesen von Berichten, Schilderungen u. Ä.). **Diesen „Vortrag“ müsst ihr dann auch gemeinsam vorbereiten.** In dem Material „Gewusst wie!“ (siehe Anhang) könnt ihr euch noch einmal vergewissern, wozu Schilderungen, Berichte, Inhaltsangaben, Beschreibungen geeignet sind und was bei der Abfassung zu beachten ist.
Vielleicht müsst ihr auch bei eurer Lehrerin/eurem Lehrer nachfragen und um zusätzlichen Unterricht dazu bitten.

Arbeitsblatt 1/1

Das Eskimomädchen Miyax

1. Arbeitsvorschlag

Sicher wisst ihr, was man unter einem **tabellarischen Lebenslauf** versteht; versucht zunächst, in knapper Form die Lebensstationen Miyax' mit den entsprechenden Aufenthaltsorten zusammenzustellen und ihr Leben kurz zu schildern. Seht euch dazu auch den Kartenausschnitt von Alaska an und markiert die entsprechenden Orte (vergegenwärtigt euch auch, wo San Francisco liegt):

- ➜ Miyax wird geboren in ....
- ➜ Mit ihren Eltern lebt sie zusammen in ....,
  bis ihre Mutter ....
- ➜ Zusammen mit ihrem Vater ....
  ....
- ➜ usw.

2. Arbeitsvorschlag

Miyax ist sicher eine ganz außergewöhnliche Person! Stellt sie in einer Beschreibung vor. Vergewissert euch anhand der Seiten „Gewusst wie!", wie man bei einer **literarischen Charakteristik** vorgeht, und entscheidet selbst, anhand welcher Verhaltensweisen und welcher Situationen ihr ihren Charakter und ihre Eigenschaften darstellen wollt. Dazu müsst ihr die von euch ausgewählten Textstellen (auch in Kapitel 1 und 3) noch einmal genau lesen! Wenn ihr in eurer Gruppe zu unterschiedlichen Urteilen über Miyax gelangt, stellt diese begründet vor.

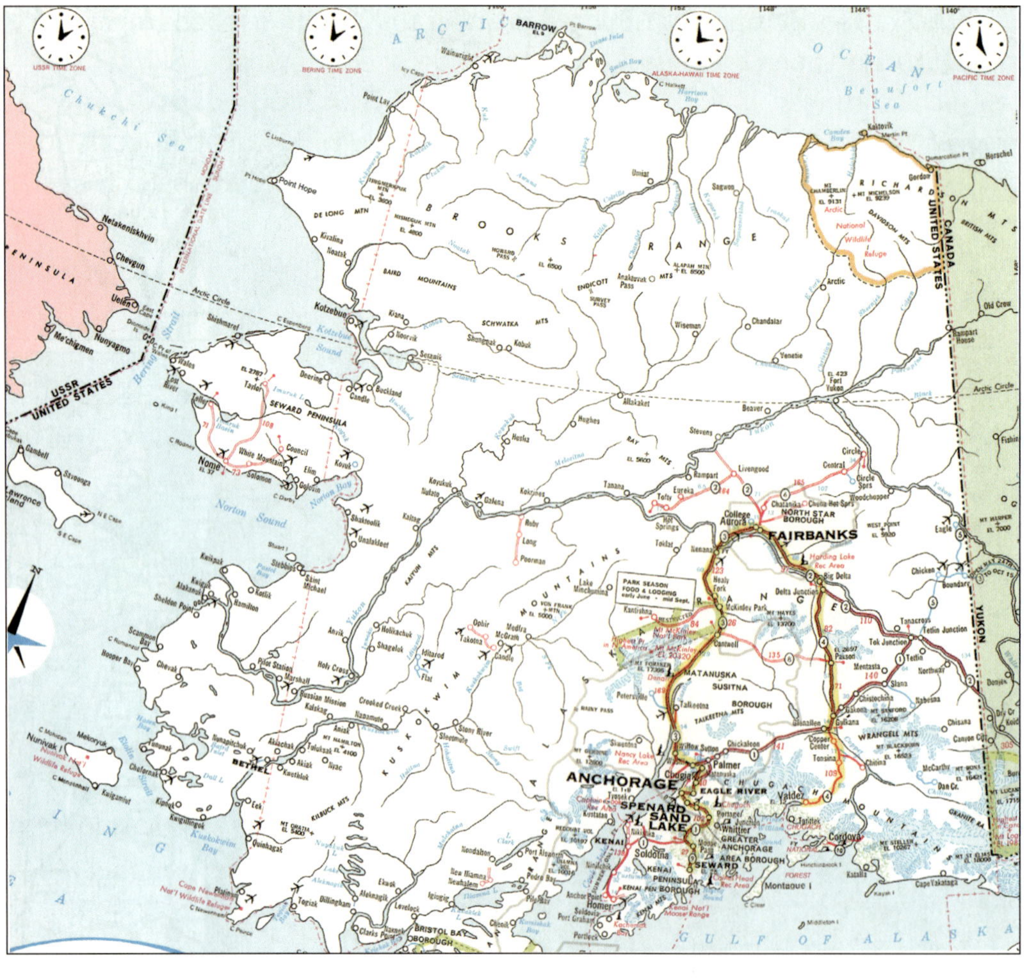

Arbeitsblatt 1/2

Miyax' Eskimowelt im Seehundlager

Nach dem Tod ihrer Mutter verbringt Miyax einige Jahre mit ihrem Vater im Seehundlager.

1. Arbeitsvorschlag

„Die Jahre im Seehundlager waren für Miyax unsagbar schön. Die Geschehnisse aus dieser Zeit hafteten in ihrer Erinnerung wie ***farbige Bilder aus einem Märchenbuch***" (S. 89, Z. 18–21).

Diese „farbigen Bilder" beschreibt sie auf den Seiten 89–94. Ihr könnt mindestens sieben Bilder entdecken:

1. „Kapugens kleines, aus Treibholz gebautes Haus nahe am Strand. Es war außen rosig-grau. . . . .
2. Der Ozean war grün . . . .
3. . . . .
4. . . . .
5. . . . .
6. . . . .
7. . . . .

(wenn ihr genau hinschaut, kann man zu 7. zwei unterschiedliche Bilder entdecken)

Miyax beschreibt so klar und deutlich, dass es euch nicht schwer fallen wird, euch alles genau vorzustellen und die Eindrücke dazu in Bildern festzuhalten.
Mit welchen Mitteln (Adjektive, Vergleiche) schafft Miyax es, so anschaulich zu erzählen? **Unterstreicht zunächst die Textstellen,** die ihr für besonders gelungen und anschaulich haltet.
Fertigt zu dieser Seehundlagerzeit ein **Bilderbuch** (Farbcollage, Aquarell) an, mit dem Miyax später ihren eigenen Kindern ihre schöne Kinderzeit beschreiben kann. Verfasst zu den Bildern auch **erklärende Texte.** Ihr könnt dazu auch Miyax' Beschreibungen/Erläuterungen verwenden.
Auf der nächsten Seite seht ihr einige Beispiele dazu.

2. Arbeitsvorschlag

a) Als Miyax in **Barrow** bei Nusan, Naka und Daniel lebt, schildert sie den 24. Januar als einen Feiertag, „den schönsten Tag des Jahres, den Tag, an dem die Sonne wieder über den Horizont steigt" (S. 116 f). Auch dazu könnt ihr ein Bild malen und den „uralten Brauch der Eskimos" schildern.

b) Warum dieser Tag in **Barrow** bei den Einwohnern tatsächlich so einen besonderen Stellenwert hat, könnt ihr noch besser verstehen, wenn ihr euch die folgenden Materialien (Arbeitsblatt 1 (3)) anseht, die z. T. Geografiebüchern oder Reiseführern entnommen sind. Stellt dazu ein eigenes „Info-Blatt" her.

(Carolina Wojnowski)

(Stefanie Onstein und Friederike Becker)

(Stefanie Onstein und Friederike Becker)

(Martin Pankoke)

(Sven Manthey)

(Sven Manthey)

Arbeitsblatt 1/3

Tag und Nacht am Nordpol

a) Es war in einer Schule im Norden von Norwegen. Ein Februartag, kurz vor Mittag. Immer wieder sah Herr Jensen, der Lehrer, auf seine Taschenuhr. Und plötzlich rief er: „Jetzt!“ Alle stürmten aus dem Klassenzimmer, rissen die Jacken von den Haken, stülpten ihre Mützen über den Kopf und stürzten hinaus. Der Himmel war rot. Vor dem Schulhof blieben sie stehen, starrten nach Süden und warteten. Sie trampelten im Schnee herum und riefen unsinnige Worte.

Plötzlich wurde es still. Ein ganz, ganz kleines Sonnenkäppchen kam aus dem Meer gestiegen. Und zugleich donnerte ein Kanonenschuss über die Bucht. Das war der Gruß an die Sonne. Noch bevor der zweite Schuss ertönte, brach lauter Jubel aus allen Kehlen. Es war ein hundertstimmiges Freudengeschrei.

Die Sonne sandte ein paar starke Strahlen über die Insel. Man spürte sie im Gesicht. Die Kinder schrien und trampelten im Schnee. Sie konnten nicht anders.

Es dauerte nur kurze Zeit. Das rote Käppchen wurde kleiner und kleiner und versank wieder im Meer. Nun sah alles noch grauer und dunkler aus als vorher. „Aber morgen kommt sie wieder, die Sonne“, flüsterte jemand.

Die Schule, von der hier berichtet wird, liegt nördlich des Polarkreises.

b) Eisige Kälte und orkanartige Schneestürme – das ist der eine Grund, warum in der Nähe der Pole so wenig Menschen leben. Der andere ist die Dunkelheit der **Polarnacht.** Am Nordpol wie am Südpol geht die Sonne ein halbes Jahr lang nicht auf. Bis nach Nordeuropa, Nordasien und Nordamerika hinein macht sich die Polarnacht bemerkbar. Dann arbeiten, essen und spielen die Menschen bei künstlichem Licht. Dafür scheint im Sommer die Sonne auch nachts – 24 Stunden lang. Es ist die **Mitternachtssonne.** Sie lässt sich aber nur jenseits der Polarkreise beobachten.

c) Tag und Nacht auf der Nordhalbkugel

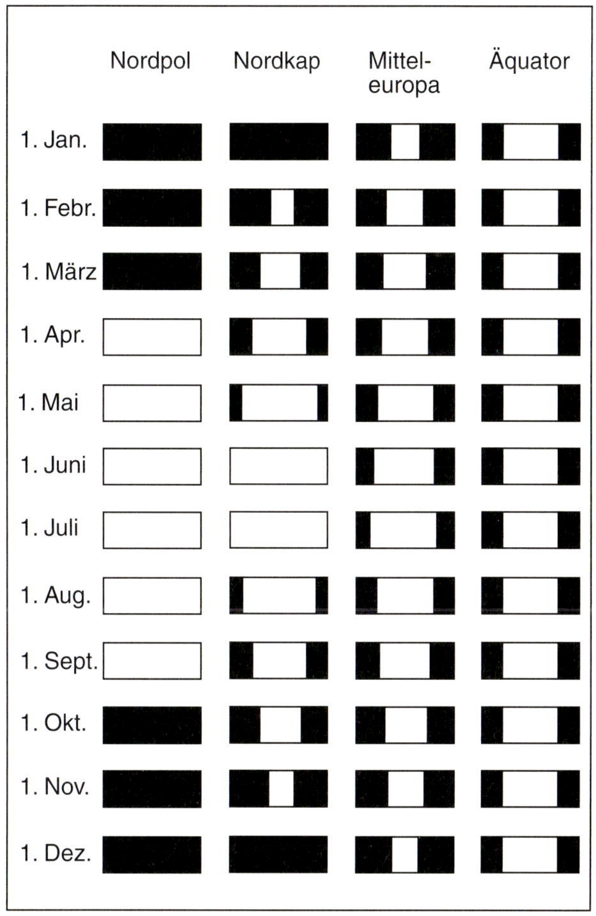

d) Barrow

Nur wer wirklich mal den Finger ins Polarmeer stecken möchte, sollte die lange Flugreise zum nördlichsten Ort Alaskas (4000 Ew.), gut 500 km nördlich des Polarkreises, antreten. Durch die Ölvorkommen der etwas weiter im Osten gelegenen Prudhoe Bay (Besuch nur im Rahmen von organisierten Touren möglich) sind die Inupiat-Eskimos hier zwar wohlhabend geworden, doch trotz zahlreicher moderner Bauten macht der Ort einen recht tristen, melancholischen Eindruck – er liegt eben am Ende der Welt.

Woher kommen die Inuit?

Wie und warum kommen eigentlich Menschen in diese doch eher „unwirtliche" Gegend? Woher kommen Miyax' Vorfahren? Wie haben sie gelebt? Darüber erfahrt ihr etwas in dem folgenden Material. Lest es sorgfältig und bearbeitet es so, dass ihr es euren Mitschülern/Mitschülerinnen erklären könnt. Dabei werdet ihr merken, dass wir einiges auch schon durch Miyax' Erzählungen erfahren haben. Sucht entsprechende Textstellen in unserem Buch, kopiert sie oder schreibt sie heraus und ergänzt die hier abgedruckten Informationen an passender Stelle um genau diese Textstellen, quasi als „Beleg".

Die Ureinwohner Alaskas: Nach neuesten Forschungen sollen die Vorfahren der Urbevölkerung Alaskas in drei Einwanderungswellen über eine Landbrücke von Sibirien her gekommen sein, die während der letzten Eiszeit die beiden großen Kontinente verband. Einige von ihnen blieben, andere zogen weiter bis nach Südamerika.

Zu Beginn des 18. Jahrhunderts fanden erste Kontakte zwischen Europäern und Einheimischen statt. Damals ließen sich die Ureinwohner Alaskas – von den Inupiat-Eskimos in den arktischen Regionen bis hin zu den Tlingit in Südostalaska – in Dutzende von Stammes- und Sprachgruppen unterteilen.

Heute unterscheidet man mehrere Hauptgruppen: die Indianer der Südostküste (Tlingit und Haida), die Aleuter, die Athapasken-Indianer sowie die Eskimos.

Die Eskimos: Die bekanntesten Bewohner Alaskas lassen sich in zwei Gruppen unterteilen: die Inupiat, die die arktischen Regionen besiedeln, und die Yupik, die im Westen des Landes beheimatet sind.

Besonders für die Inupiat gestaltete sich das Leben als ein beständiger Kampf gegen Hunger und Kälte. Von den Lebensmitteln, die nur in der wärmeren Jahreszeit zur Verfügung standen, mussten Vorräte für die langen, kalten Winter angelegt werden. Die Beute eines Jägers wurde gerecht unter allen Mitgliedern der Gemeinschaft aufgeteilt, selbst wenn das bedeutete, dass seine eigene Familie Hunger litt. Die Nahrungsbeschaffung war von derart

zentraler Bedeutung, dass sich der Status eines Mannes an seinem Erfolg als Jäger bemaß.
Jüngste archäologische Ausgrabungen in Barrow gaben weiteren Aufschluss darüber, wie wohl das Leben der arktischen Eskimos ausgesehen hat. Man fand die Überreste einer fünfköpfigen Familie in einem Holz- und Grassodenhaus. Vor Jahrhunderten war sie unter einer Eisscholle, die bei Sturm an Land gespült wurde, zerquetscht worden. Man stellte fest, dass sie zeitweilig an Unterernährung gelitten und von dem Ruß in ihrem Haus Schädigungen davongetragen hatten. Die 42 Jahre alte Frau hatte eine Lungenentzündung, eine Herzklappeninfektion, Arthritis, Trichinose und eine Blutvergiftung überlebt und kurz vor ihrem Tod ein Kind geboren.
Ihre Dörfer legten die Eskimos in der Nähe ihrer Nahrungsquellen an. Die arktische Küste ernährte sie mit Seehunden, Walrossen und Walen; im Binnenland jagten sie Caribous, Vögel und anderes Kleinwild. Eier, Beeren, Wurzeln und Wildkräuter bereicherten ihren Speiseplan.
Für die Jagd auf größere Meerestiere benutzten die Eskimos Boote, die sie Umiaks nannten, sowie die kleineren Kajaks, die nur einem Mann Platz boten. Beide bestanden aus Holzrahmen, die mit Fellen oder Häuten überzogen wurden.
Auch die Eskimofrauen waren geschickt im Körbeflechten und Nähen. Die alltägliche Bekleidung – Hosen, Stiefel und Mäntel, mit komplizierten Mustern versehen, – stellten sie aus Häuten und Fellen her. Die Parkas wiesen eine Kapuze und eine Halskrause auf. Material für wasserdichte Kleidung gewannen sie aus Därmen und Fischhäuten.
Die Eskimos sind für ihre schönen Schnitzarbeiten sowie kleine Kunstobjekte aus Knochen und Zähnen bekannt. Selbst ihre Haushaltsgegenstände und Waffen wurden kunstvoll verziert. Geschirr, Messer, Öllampen, kleine Skulpturen sowie Schneebrillen fertigten die Eskimos aus Holz, Knochen, Barten (Hornplatten aus dem Oberkiefer von Bartenwalen), Walrosszähnen sowie Stoßzähnen fossiler Mammute. In Andenkenläden kann man die schönen wie zweckmäßigen Ulus (Frauenmesser) erstehen.

Miyax' (Julies) Leben in Mekoryuk und Barrow

Arbeitsvorschlag

Die wunderschöne Zeit mit Kapugen im Seehundlager endet, als Tante Martha Miyax zurück nach ***Mekoryuk*** holt:
„Und damit verwandelte Miyax sich in Julie" (S. 98, Z. 13). Auf der Seite 100, Z. 27 wird von „amerikanisierten Eskimos" gesprochen. Was ist damit gemeint? Für Miyax wird das Leben zum „Alptraum" (S. 104, Z. 27) und sie wünscht sich nichts sehnlicher, als von Naka nach *Barrow* geholt zu werden. Doch auch hier verläuft ihr Leben nicht so, wie sie sich das gewünscht hat. Immer wieder träumt sie von einem Leben in San Francisco (S. 114)!

a) Beschreibt die Verwandlung: Wie hat sich Miyax' Leben verändert (Textgrundlage: S. 98–118)?
- ➜ Wie sehen die Wohnorte aus?
- ➜ Womit beschäftigt sich Miyax?
- ➜ Mit wem, wo und wie verbringt sie ihre Freizeit?
- ➜ Wovon leben die Menschen? Welche Probleme entstehen?
- ➜ Wie sieht Miyax' Traumwelt in San Francisco aus?

Auch hier könnt ihr zeichnen und kommentieren (wie ihr es zu Miyax' Leben im Seehundlager gemacht habt!) Interessant ist es dann, die beiden „Lebenswelten" gegenüberzustellen: Entwerft einen Plan, mit welchen Bildern ihr das neue Leben darstellen wollt! Orientiert euch dabei auch an den schon entstandenen aus dem Seehundlager. Verfasst auch hier erklärende Kommentare!

(Stefanie Onstein/Friederike Becker)

b) Schreibt aus der Sicht Miyax' einen Brief an ihre Freundin Amy, in dem ganz deutlich wird, warum sie unbedingt zu ihr nach San Francisco möchte!

Miyax' Leben in Mekoryuk – Zwischen zwei Welten

Arbeitsvorschlag

In dem nächsten Material beschreibt Nick Jans in der Zeitschrift GEO SPECIAL (Nr. 5/Oktober 1995, S. 103–106) sein Leben – und das der Einheimischen – in dem Dorf Ambler, am Fuße der Brooks Range. Ihr findet Ausschnitte seines Artikels vor. In dem Vorspann steht:

„Seine Bewohner sind Inupiat. Wie viele der 94.000 „Natives" in Alaska sind sie nicht mehr in ihrer traditionellen Kultur zu Hause, und doch längst nicht in der modernen Welt angekommen."

Sie stehen also zwischen zwei Welten!

Lest diesen Artikel sorgfältig durch und kennzeichnet diese zwei Welten. Eine Möglichkeit wäre es, in einer Tabelle oder Übersicht Merkmale der **traditionellen** Welt den angeführten Merkmalen der **modernen Welt** gegenüberzustellen.
Vieles findet ihr auch in „Julie von den Wölfen" wieder!

	Traditionelle Welt	Moderne Welt
Nick Jans, *Verloren zwischen den Zeiten*		
Jean Craighead George, *Julie von den Wölfen*		
Probleme, die aus diesem „Zusammenprall" entstehen		

Miyax' Leben in Mekoryuk – Zwischen zwei Welten/Reportage

Nick Jans

Verloren zwischen den Zeiten

Es ist kurz vor neun an einem Vormittag im Oktober, und diese Schule könnte irgendwo in Amerika stehen. Kinder in Sportjacken und Jeans spitzen Bleistifte, wühlen schläfrig in ihren Tischen oder besprechen das bevorstehende Basketballspiel. Der Klassenraum ist modern und komfortabel – mit neuem Teppichboden, einem Computer, Kunstdrucken an den Wänden. Ich überfliege den Unterrichtsplan und trinke einen letzten Schluck Kaffee.

„Also gut, Leute. Öffnet eure Bücher auf Seite 146. Wer kann mir etwas über den tropischen Regenwald erzählen?" Meine Stimme geht unter in brüllendem Lärm, der von draußen kommt. Die Kinder stehen auf, verrenken die Köpfe zum Fenster. Ein Snowmobil erscheint mit einem schwer beladenen Schlitten im Schlepptau.

„Mann, Clarence hat Berge von Karibu!"

„Huuu, richtig große!"

„Ich tät auch gern jagen gehen."

Ich stelle mich zu ihnen ans Fenster. Die ungeheure Weite des arktischen Alaska dehnt sich bis zum Horizont, wo Berge blauweiß in der tief stehenden Morgensonne glühen. Unmittelbar vor uns, am Ufer des Kobuk, liegt ein zusammengewürfelter Haufen von Gebäuden – insgesamt vielleicht vier Dutzend, verstreut zwischen Flecken von Birken und Fichten und miteinander verbunden durch schneebedeckte Pfade. Aus den Ofenrohren zieht Rauch in die eiskalte Luft. Nach Süden und Osten dehnen sich riesige Strecken von Tundra und Wald, im Norden erhebt sich ein wuchtiges Wirrwarr endloser Berge. Die kleine Insel menschlicher Anwesenheit wirkt verloren, ziellos treibend in einem Meer aus Land.

Das ist Ambler. In diesem Dorf im Nordwesten Alaskas leben 375 Inuit. Ambler ist eines von elf ähnlichen Dörfern in einer Region ohne Straßen, die ungefähr so groß ist wie Deutschland. Hier gibt es weder Iglus noch fellbekleidete Eingeborene, die mit Speeren auf die Jagd gehen. Statt dessen beherrschen Dutzende von Unstimmigkeiten das Dorfbild: Satellitenschüsseln an Hütten, deren Ritzen mit Moos ausgestopft sind; Schlittenhunde und das neueste Snowmobil-Modell; Videorekorder und Plumpsklos. Als wäre Ambler der Schauplatz eines ungeheuren Zusammenpralls von Vergangenheit und Gegenwart.

Die Kinder, die ich unterrichte, sprechen Englisch, nicht Inupiaq, hören Rapmusik, verehren die Stars des Profi-Basketballs. Sie sind das Ergebnis jenes Zusammenstoßes der modernen mit der alten Welt. Das gilt aber auch für Clarence Wood. 58 Jahre alt, ein dunkles, mit Frostnarben übersätes Gesicht, Wolfsaugen – ein Jäger, wie schon sein Vater und Großvater. In einem anderen Leben, denke ich immer, hätte er Firmen aufgekauft oder Männer in die Schlacht geführt.

Stattdessen jagt Clarence auf seinem Snowmobil und mit einem Selbstladegewehr Wölfe und Vielfraße. Vom Erlös der Felle zahlt er Benzin und Reparaturen. Selbst in guten Zeiten sind seine Einkünfte kaum der Rede wert – er ergänzt sie durch Gelegenheitsjobs und Essensmarken der staatlichen Wohlfahrt. Clarence jagt auch wegen des Fleisches – Karibu, Schafe, Elche, Enten, Biber und Bären: Mit der Beute ernährt er seine Verwandtschaft, das heißt das halbe Dorf.

Wenn Clarence nicht in der Wildnis ist, wirkt er verloren. Er scheint sich nicht wohlzufühlen in einer Welt, die ihn zurückgelassen hat. Angewidert deutet er auf die Schulturnhalle, wo seine Söhne und Enkel Abend für Abend Basketball spielen. „Das ist Bullshit da drin", knurrt er düster. „Nichts als Bullshit".

Ich kam 1979, als der Erdölboom in Alaska seinen Höhepunkt überschritten hatte. Ich hatte gerade das College abgeschlossen. Mit meinem vollgepackten zerbeulten Plymouth war ich 8000 Kilometer von Maine gefahren, hinter mir eine Zukunft, die mir allzu absehbar erschien. Ich besaß 400 Dollar, meine Zeltausrüstung und ein Kanu. Ich wusste nicht, wie man ein Karibu schlachtet und hatte panische Angst vor Bären; trotzdem sah ich mich als modernen Pionier, der gen Westen zog.

Die Reise im Quellgebiet des Kobuk verlief mehr oder weniger wie geplant – 1000 Kilometer mit Grizzlys, Stürmen, Bergen. Als sie zu Ende war, fuhr ich nicht nach Hause, sondern kehrte nach Ambler zurück. Die geheimnisvolle, träumerische Stille der Landschaft hatte mich ergriffen, und ein Jobangebot gab mir die Möglichkeit zu bleiben. Was ich damals noch nicht wusste: Ich war nach Hause gekommen.

Ich hatte einen holländischen Jagdführer und Ladenbesitzer kennengelernt. Er brauchte einen Geschäftsführer, und mein Job hinter der Theke von Ambler Trading stürzte mich kopfüber ins dörfliche Leben. Schon der erste flüchtige Eindruck hatte meine Bilderbuch-Vorstellungen von Eskimos vernichtet. Dennoch war ich auf die radikale Gesetzlosigkeit des Ortes nicht vorbereitet.

Es gab weder Bars noch Spirituosengeschäfte. Doch wöchentliche Flüge nach Kotzebue sorgten dafür, dass der Alkohol reichlich floss. Vor allem junge Männer schienen ohne Ende zu trinken, und in der Nacht waren Schüsse keine Seltenheit. Das Geld, das durch Ölgeschäfte und Sozialhilfe im Überfluss vorhanden war, wurde in Saufgelage investiert. Und wo findet ein Trinker Kumpane oder eine Schachtel Zigaretten? Es dauerte nicht lange, bis ich dahinterkam.

Kaum jemand zwischen 15 und 40 brachte dem Naluaqmiu – dem weißen Mann – besonders herzliche Gefühle entgegen. Als Fremder war ich Blitzableiter, Gespött der Kinder, Zielscheibe trunkener Drohungen und hin und wieder auch von Pistolengefuchtel. Es war nicht persönlich gemeint. Bei der ersten Gemeindeversammlung, an der ich teilnahm, stellte jemand den Antrag, Ambler mit sofortiger Wirkung für alle Weißen zu sperren.

Der Antrag fiel durch, und mit der Zeit lernte ich Menschen wie Clarence Wood kennen oder Nelson Greist, einen arktischen Kartoffelbauern, der in seiner Kindheit noch mit Pfeil und Bogen auf die Jagd gegangen war und vor 50 Jahren beinahe verhungert wäre. Oder die alte Maude Foxglove mit ihrem Fächer aus Gänsefedern und einem breiten, schielenden Lächeln; Dora Johnson, die noch mit 70 leidenschaftlich gerne flirtete. Ich entdeckte auch den entspannten Rhythmus des Dorflebens und den Witz, der im Grunde des Wesens der Inupiat liegt. Ich sah, dass jeder, der Hilfe brauchte, sie bekam, ob weißer Mann oder Inuit. In Krisen – bei einer Feuersbrunst, einem Unfall, oder wenn jemand in der Tundra verloren ging – vereinten die Iviisaappaatmiut, wie die Leute aus Ambler sich nennen, ihre Kräfte und kehrten ihre besten Seiten hervor. Dann waren die Großzügigkeit und Wärme der Gemeinschaft überwältigend. Weihnachten wurden alle Geschenke, eines nach dem andern, in der Kirche vor versammelter Gemeinde verteilt; und zu einem Basketballspiel oder einer Beerdigung erschien das ganze Dorf.

Aber ich lernte auch jene andere, paradoxe Kehrseite im Charakter dieser Gemeinschaft kennen. Im alltäglichen Umgang hielten es die Iviisaappaatmiut kaum miteinander aus. Neid, eine misslungene Heirat, Ewigkeiten zurückliegende Familienfehden oder eine Trapperpartnerschaft, die auseinandergebrochen war, reichten aus, um Jahre anhaltenden, unter der Oberfläche schlummernden Groll zu nähren. „Diese Clevelands“, beklagte sich etwa eine Frau im Laden, „die sind alle so.“ Und etwas später am Tag vertraute mir ein Mitglied des Cleveland Clans an: „Diese Douglas glauben, sie seien etwas ganz Besonderes.“ Ich nickte, lächelte allen zu und packte die Einkäufe ein.

Dass den Inupiat die Anpassung an ein kommunales, sesshaftes Leben nie ganz gelingen wollte, ist nicht erstaunlich. Während Tausender von Jahren waren ihre Vorfahren als halbnomadische Jäger und Sammler im Wechsel der Jahreszeiten die Flusstäler hinauf- und hinuntergezogen. Eine Tradition des Zusammenlebens gab es kaum, außer bei Spielen und Feiern. Jedes Camp besaß zwar seinen Umialik, seinen „reichen Mann“, die Autorität; im Allgemeinen aber waren es die Inupiat gewohnt, genau das zu tun, was ihnen passte – und die Weite des Landes ließ dies auch zu. Das Klima war streng – Schnee im September, Schneeschmelze Ende Mai, kurze Sommer und harte Winter. Hunger war eine ständige Bedrohung.

Trotzdem gelang es ihnen zu überleben. Die Natur versorgte sie mit allem, was sie brauchten: mit Tierhäuten für Kleidung, Stiefel, Zelte, Behälter, geflochtene Seile und Bootsdecken; mit Holz, Knochen, Stein und dem Elfenbein der Walrosse für Werkzeuge und Waffen; mit Vögeln, Säugetieren, Fischen und Pflanzen als Nahrung. Sie bauten Häuser aus Grassoden und Fichtenstämmen und hielten sie mit Holzfeuern oder Seehundöl-Lampen warm. Sie trieben Tauschhandel mit den benachbarten Athapaskan-Indianern und sibirischen Inuit. Die übrige Welt war so weit weg, dass sie sich selbst den Namen Inupiat gaben – „die Menschen“.

Zwischen 1900 und 1950 hielten Außenbordmotoren, Flugzeuge, Schulen, Läden, Minen, Jobs Einzug in die arktische Welt. Mehr und mehr Inuit gerieten in Abhängigkeit von der Geldwirtschaft. Die Kinder wurden vom Bureau of Indian Affairs in Internate verschickt, vergaßen die Sprache der Inupiat und die Lehren ihrer Ahnen.

Dennoch blieb der Alltag im Wesentlichen, wie er war. Die Männer fuhren Hundeschlitten und zogen auf der Suche nach Nahrung tief in die Wildnis. Die Frauen fingen Lachse, nähten Parkas aus Karibuhaut und sammelten Beeren in Körben aus Birkenrinde. Geld war knapp, ein Auskommen abhängig von unablässiger schwerer Arbeit, den Gaben der Natur und Kenntnissen, die seit Jahrhunderten weitergegeben worden waren.

Eine technische Errungenschaft sollte den Lebensrhythmus für immer verändern: 1966 kam das erste Snowmobil nach Ambler. Es war primitiv. Dennoch konnte ein Jäger mit einem Mal einen Wolf oder ein Karibu überholen und an einem Tag 160 Kilometer zurücklegen. Obwohl die Fahrzeuge teuer waren und empfindlich, waren die Iviisaappaatmiut hingerissen. Einige Männer kauften ein Snowmobil und töteten am nächsten Tag ihre Hunde.

Verglichen mit dem Erdölboom jedoch, der Mitte der Siebzigerjahre ausbrach, waren die Veränderungen der vorangegangenen Jahrzehnte gering. Milliarden von Dollar aus den Ölerträgen flossen in die Staatskasse, und jede Gemeinde erhielt ihren Anteil. Plötzlich war Geld da für alles, was die „Menschen“ sich wünschten: moderne Häuser, Telefon, Wasserversorgung und Kanalisation, Kraftwerke, Schulen mit modernster Einrichtung, Gewächshäuser... Das Geld schien so unerschöpflich zu sein wie das Land – ein Land, das sich durch diese unvermutete Welle des Reichtums mit einem Mal neu definierte. Es war nun möglich, ein angenehmes Leben zu führen, ohne zu arbeiten.

Viele ließen sich von der Sozialhilfe tragen. Andere fanden Arbeit. Noch in den Sechzigerjahren waren die Iviisaappaatmiut bis zu den Goldminen um Fairbanks oder den noch südlicher gelegenen Fischfabriken gereist. Jetzt gab es Jobs in unmittelbarer Nähe: regionale Baustellen; neue Schulen und Kläranlagen; die Ölfelder im Norden, die ungeheuer reiche Red-Dog-Zinkmine. Heute träumen junge Männer kaum noch von einem Leben als Jäger oder Trapper – lieber wollen sie Bulldozerfahrer werden. Statt Lachs zu zerteilen und Häute zu verarbeiten, lernen die Mädchen Schreibmaschine schreiben.

Trotzdem sieht man bei fast jeder Mahlzeit auf fast allen Tischen Nahrungsmittel, die aus der Gegend stammen. Ohne sie müsse man verhungern, meinen die Leute, trotz des „Ladenessens“. In einem spirituellen Sinne trifft dies sicher zu. Karibus zu jagen, Beeren zu sammeln, Fische zu fangen erinnert die Iviisaappaatmiut an das, was sie sind.

Nach zwei Jahren hatten Ambler Trading und ich uns auseinandergelebt, und ich besann mich auf meinen Collegeabschluss. Seither arbeite ich als Lehrer. Das Ölgeld erlaubte jeder noch so kleinen Gemeinde, dem Nachwuchs eine umfassende Ausbildung von zwölf Schuljahren zu garantieren.

Und trotzdem scheint die moderne Welt nicht genug zu bieten. Dutzende meiner Schüler haben die High School abgeschlossen, viele danach die Universität besucht, aber bis heute hat keiner sein Examen gemacht. Immer wieder dagegen hängen sich ehemalige Schüler auf, erschießen sich oder bleiben betrunken im Schnee liegen und erfrieren. Ich besuche mittlerweile keine Beerdigungen von Selbstmördern mehr.

Für die Älteren ist es vielleicht am einfachsten: Sie haben diesen Prozess der Veränderung von Anfang an erlebt. Heiter und gelassen sitzen sie in der Kirche und nicken mit den Köpfen. Wie es die Traditionen der Inupiat verlangen, war ihr Leben hart und gut. Diese merkwürdige neue Welt verwirrt sie, aber sie wissen genau, wer sie sind. Einer nach dem andern verschwinden sie, und mit ihnen das Wissen von Generationen.

Ein Poster bringt die beinah unerfüllbare Forderung auf den Punkt: „Mit einer Seele in zwei Welten leben.“ Karibus jagen und am Computer sitzen, Mukluks nähen, die dicken warmen Stiefel, und ein Bankkonto führen –

Inupiat sein, in einer Welt technischer Innovationen.

Der Novembervormittag ist dunkel, und das Thermometer steht bei 30 Grad unter Null. Clarence bepackt in seinem Garten gegenüber der Schule den Schlitten. Ich bleibe stehen, um mit ihm zu reden.

„Wohin willst du heute, Clarence?“

„Denke, ich fahre über den Ivishak Pass.“ Er schnürt einen Benzinkanister fest, lädt den Karabiner. „Geh nach Hause und pack deinen Schlitten. Könnte schön werden, heute.“ Wir sind oft zusammen gereist und wissen beide, dass diese Einladung nicht ernst gemeint ist.

„Ich muss deine Kinder unterrichten“, erwidere ich. Er zuckt mit den Achseln.

Eine Stunde später zieht er los, in die tiefe Kälte und atemraubende Leere des arktischen Nordens.

Arbeitsblatt 1/7

Wohin gehört Miyax? – Ihre endgültige Entscheidung!

1. Arbeitsvorschlag

Auch Miyax steht zwischen zwei Welten: Wie gerne möchte sie in San Francisco leben (das habt ihr ja schon in dem Brief deutlich gemacht, den ihr an Miyax' Stelle an die amerikanische Freundin Amy geschickt habt/vgl. S. 16, Arbeitsvorschlag b) – aber wie gerne ist sie auch ein Eskimomädchen! Das wird u. a. immer dann besonders deutlich, wenn sie von den Bräuchen der Eskimos erzählt oder sie anwendet.
Nachdem Amaroq von den Blassgesichtern vom Flugzeug aus erschossen worden war, ist es ein Eskimobrauch, der ihr dabei hilft, mit seinem Tod fertig zu werden: S. 166, Z. 3–12.
Der Tod Amaroqs und die Nachricht, dass ihr Vater noch lebt, führen dazu, dass Miyax nun meint, eine eindeutige Entscheidung über ihr zukünftiges Leben treffen zu können:

Sie schreibt Amy einen Brief, in dem diese ganz genau erfährt,

- warum Miyax nun nicht mehr in San Francisco leben will
- wie sie sich ihr weiteres Leben vorstellt.

Folgende Textstellen können euch bei eurer Argumentation Hinweise geben:
S. 147, Z. 26 – S. 148, Z. 10;
S. 167, Z. 26 ff;
S. 172, Z. 28 ff;
S. 175, Z. 6–30 (Schaut auf der Karte nach, wo Kangik liegen könnte – so weit in etwa ist Miyax gekommen! Achtet hier auch besonders darauf, wie Miyax sich der Eskimofamilie gegenüber verhält.);
S. 177, Z. 24 – S. 178, Z. 2
S. 183, Z. 20 – S. 184, Z. 14
S. 190, Z. 9–26

2. Arbeitsvorschlag

Die junge Eskimofrau Uma erzählt Miyax von „dem berühmtesten aller lebenden Eskimojäger", dem „weisen und starken" Kapugen (S. 179, Z. 12 – S. 181, Z. 20).

Stellt euch bitte folgende Situation vor: Zum 50. Geburtstag Kapugens wollen die Bewohner des Städtchens Kangik für ihn ein großes Fest geben. Der Stadtälteste soll eine Rede halten und die Person Kapugen beschreiben und seine Verdienste würdigen.
Helft ihm dabei und schreibt seine Rede!

3. Arbeitsvorschlag

Vor ihrem Zusammentreffen mit Kapugen ist Miyax sehr aufgeregt. Wie schön wird alles bei ihm sein! – Doch dann ist alles ganz anders (S. 183, Z. 20 – S. 192, Z. 12)!
Ihre Enttäuschung gipfelt in dem Satz „Kapugen war also doch gestorben!"
In diesem Textauszug redet Miyax ganz wenig. Nur **wir** wissen, was sie denkt, was in ihr vorgeht.

Nachdem Miyax von ihrem erneuten Fluchtversuch zu Kapugen zurückgekommen ist, lässt er ihr Zeit, sich an ihr neues Leben zu gewöhnen. Aber natürlich möchte er von ihr wissen, warum sie am selben Abend gleich wieder aufgebrochen ist und nicht bei ihm bleiben wollte. Natürlich möchte er auch erfahren, warum sie dann wieder ihren Entschluss geändert hat und doch zu ihm zurückgekommen ist. Auch er hat ihr einiges zu sagen!
Eines Tages ergibt sich die Situation und es entwickelt sich zwischen ihnen ein Gespräch. Schreibt den Dialog zwischen Kapugen und Miyax auf!
„Probiert" euren Text aus und spielt diese Situation; vielleicht wollt ihr danach noch etwas ändern, ergänzen. Soll Kapugens Frau auch eine Rolle spielen?

4. Arbeitsvorschlag

Stehen nur die Inuit „zwischen zwei Welten"? Kennt ihr andere Beispiele (andere Völker; bestimmte Personengruppen innerhalb eines Volkes; bestimmte Altersgruppen)? Führt in eurer Arbeitsgruppe darüber ein Gespräch.
Als Einstieg in dieses Gespräch schlagen wir euch das **„stumme Schreibgespräch"** vor!
Das funktioniert so:
Auf einen Tisch wird ein großes Plakat gelegt. Auf diesem Plakat steht folgender Satz (passend zu eurem Thema):

Es gibt viele Menschen, die „zwischen zwei Welten" stehen!

Die Gruppenmitglieder gehen um das Plakat herum und nehmen schriftlich Stellung.
Aufgeschriebene Stellungnahmen werden ebenfalls schriftlich kommentiert und ergänzt.
Das Stummsein hat den Zweck, das Interesse auf das geschriebene Wort zu richten und jedem die Möglichkeit zu geben, ungestört seine Meinung zu äußern.
Vielleicht könnt ihr auch Ergebnisse eures Erdkundeunterrichtes und eures Politikunterrichtes verwenden; eine Besprechung der Statements kann sich dann anschließen; vielleicht sind auch eure Erdkunde- bzw. Politiklehrer und -lehrerinnen bereit, als Experten zu eurem Gespräch zu kommen (diese müssten dann natürlich vorher von euch darüber informiert werden, in welchem Zusammenhang ihr auf diese Frage gestoßen seid).

Dokumentiert eure Überlegungen und Ergebnisse in einer **Collage** (→ „Gewusst wie!"). Dabei könnt ihr sicher die schriftlich formulierten Äußerungen des „stummen Schreibgespräches" verwenden!

2. Der Wolf – ein Raub- und Rudeltier als Menschenfreund

Arbeitsgruppe 2 (Vorbemerkung)

Eure Arbeitsgruppe befasst sich mit dem Thema ***Wölfe!***
Diesen Tieren verdankt Miyax geradezu ihr Leben, denn ohne das Wolfsrudel hätte sie dieses Abenteuer nicht überlebt und die Tundra nicht so weit durchqueren können.
Weil Miyax diese Tiere und ihr Verhalten sehr genau beobachtet, gelingt es ihr, sich ihnen anzupassen und von den Wölfen akzeptiert, versorgt und beschützt zu werden.

Der Beitrag eurer Arbeitsgruppe zu dem Handbuch/zu einer möglichen Ausstellung soll hauptsächlich darüber informieren,

- wie die Rangordnung der Tiere in einem Rudel ist,
- wie sie sich ernähren,
- wie sie wohnen,
- wie sie jagen,
- wie sie ihre Jungen aufziehen,
- wie sie sich verständigen.

Zu diesen Fragestellungen sollt ihr eine Informationsschrift verfassen, die in dem Handbuch oder in der Wandzeitung ein eigenes „Kapitel" umfasst. Wir schlagen euch folgendes Vorgehen vor:
Einmal findet ihr in der Lektüre sehr viele aussagekräftige Textstellen, in denen Miyax ihre Beobachtungen an den Leser/die Leserin weitergibt. Wertet diese zunächst unter den oben genannten Fragestellungen (konkrete Anweisungen siehe „Arbeitsvorschläge") aus.
Zusätzlich „geht ihr auf die Suche" nach weiteren Informationen! Es gibt zu dem Thema „Wölfe" sehr viel anschauliches Material (Bücher/Filme), das ihr euch selbst besorgen könnt, z. B. bei folgenden Organisationen:

→ **Gesellschaft zum Schutz der Wölfe,** Blasbacher Str. 55, D-35586 Wetzlar oder Von-Goltsteins-Str. 1, D-53902 Bad Münstereifel
→ **Stiftung Europäisches Naturerbe,** Myliusstr. 7, D-71638 Ludwigsburg
→ **Umweltstiftung WWF – Deutschland,** Hedderichstr. 110, D-60591 Frankfurt a. Main
→ **Wildbiologische Gesellschaft München e.V.,** Lindenhof 2, D-82488 Ettal
→ **WWF Österreich,** Otta Kringerstr. 114–116, Postfach 1, A-1162 Wien
→ **WWF Schweiz,** Hohlstr. 110, Postfach, CH-8010 Zürich

Die Biologielehrer und -lehrerinnen eurer Schule sind euch bei der Materialbeschaffung sicher auch gerne behilflich.

Vielleicht findet ihr beim „Literaturstudium“ auch noch weitere interessante Fragestellungen, die ihr bearbeiten könnt, z. B.:

- ➜ Wo leben Wölfe?
- ➜ Welche Unterarten von Wölfen gibt es?
- ➜ Wie ist das Ansehen des Wolfes beim Menschen bzw. wie wird der Wolf oft dargestellt?
- ➜ u. a. m.

Je nach der Anzahl der Mitglieder in eurer Gruppe könnt ihr bei der Erstellung der einzelnen „Info-Blätter“ entsprechend arbeitsteilig vorgehen. Mit der Beschaffung des zusätzlichen Materials müsst ihr aber **sofort** beginnen!
Sichtet die folgenden Arbeitsvorschläge und entscheidet dann!
Innerhalb eurer Gruppe müsst ihr euch **gegenseitig die Arbeitsergebnisse vorstellen** und sie ggf. überarbeiten. Vor allem müsst ihr dann wieder **gemeinsam überlegen,** wie ihr euren Beitrag zum Buch/zur Wandzeitung den anderen Klassenmitgliedern vorstellt, z. B.: in Referaten; Darstellung der Ergebnisse auf Folien; Fotos, Zeichnungen, Skizzen; Vorlesen von Berichten, Schilderungen u. Ä. **Diesen „Vortrag“ müsst ihr dann auch gemeinsam vorbereiten.** Auf den Seiten **„Gewusst wie!“** könnt ihr euch noch einmal vergewissern, wozu Schilderungen, Berichte, Inhaltsangaben, Beschreibungen geeignet sind und was bei der Abfassung zu beachten ist. Vielleicht müsst ihr dazu auch bei eurer Lehrerin/eurem Lehrer nachfragen und um zusätzlichen Unterricht dazu bitten.

Wie sich Wölfe verständigen

Arbeitsvorschlag

Erstellt unter Beachtung der folgenden angegebenen Textstellen ein „Vokabelheft“, mit dem die „Wolfssprache“ (wie sich Wölfe verständlich machen) zu erlernen ist. Mit Hilfe des zusätzlich angebotenen Bildmaterials könnt ihr es „illustrieren“.

S. 24–31; S. 124/125; S. 141; S. 156/157; S. 161

Eine große Bedeutung für die wölfische Körpersprache kommt dem Gesichtsausdruck zu. Die Zeichnungen zeigen die Mimik im Konflikt zwischen Angriffstendenz (zunehmend von links unten nach rechts unten) und Angst (zunehmend von links unten nach links oben).

In der Körpersprache der Wölfe spielt der lange, buschige Schwanz eine besondere Rolle. An der Schwanzhaltung eines Wolfs können die Artgenossen (und wir Menschen) seine Stimmung und seine Absichten ablesen. Von links nach rechts: Imponieren, Angriffslust, entspannte Normalhaltung, Demut und Angst.

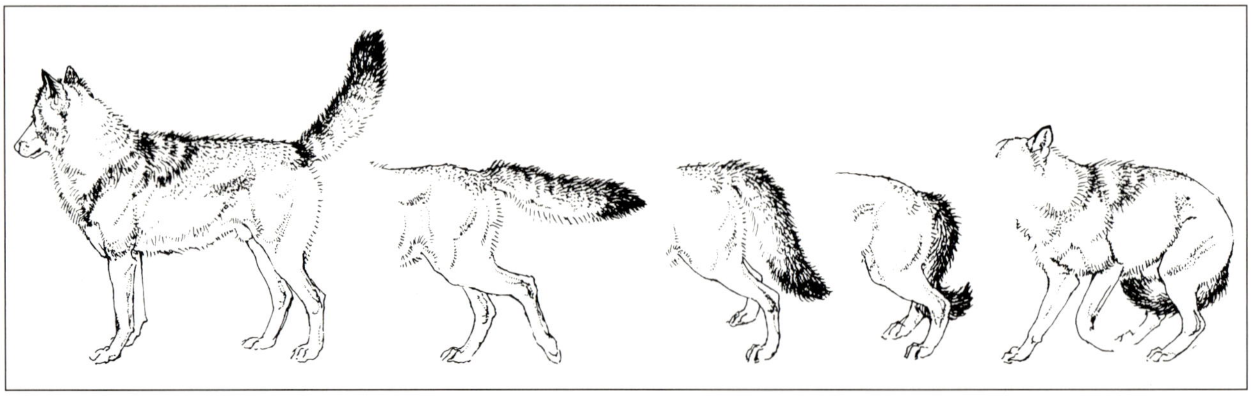

Die Rangordnung im Rudel

Arbeitsvorschläge

1. Seht euch zunächst die folgende Übersicht über die Rangordnung in einem Wolfsrudel an; dann versucht ihr diese Rangordnung auf das uns in der Lektüre vorgestellte Rudel zu übertragen.
   Nehmt euch dazu noch einmal folgende Textstellen vor: S. 11/12; S. 20–24; S. 33/34; S. 73; 77/78; S. 83/84; S. 168/169

Die Rangordnung im Wolfsrudel

Im Wolfsrudel gibt es zwei Rangordnungen, eine für die Rüden, eine für die Weibchen. An der Spitze steht jeweils das Alpha-Tier. Darunter folgen – in der Regel altersbedingt – die weiteren erwachsenen Rudelmitglieder. In der Gruppe der Jugendlichen verhalten sich einige wie „Klein-Alphas". Die Welpen stehen, bis zur Geschlechtsreife, noch etwas außerhalb der Rangordnung.

2. Zur Verdeutlichung fertigt ihr am besten ein Schaubild an, in dem sowohl die biologischen Fachbegriffe als auch die jeweiligen Namen, die sich Miyax für „unser" Rudel ausgedacht hat, auftauchen. Ihr könntet damit so anfangen (später müssen vielleicht Änderungen erfolgen):

Die soziale Rangordnung im Wolfsrudel

Alpha-Rüde A (Amaroq) ***Alpha-Wölfin B (.....................)***

Arbeitsblatt 2/3

Wie Wölfe jagen und sich ernähren

1. Wertet zunächst folgende Textstellen der Lektüre aus:

   S. 50 (was sie jagen)
   S. 62 (wann sie jagen)
   S. 70/71 (wie sie ein Tier erlegen)
   S. 71/72 (wie sie fressen)

2. Ergänzt mithilfe eures zusätzlich gefundenen Materials.

Arbeitsblatt 2/4

Wie Wölfe wohnen und ihre Jungen aufziehen

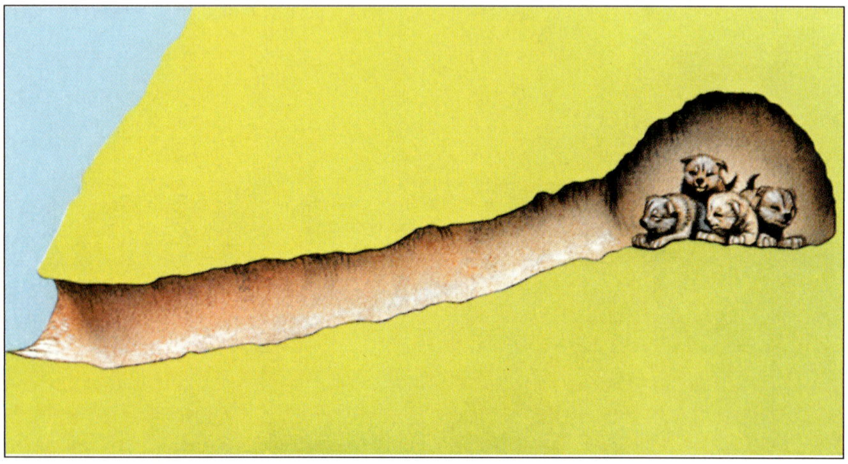

Wolfsjunge werden unterirdisch in Höhlen geboren. Die Höhle wird meist seitlich in einen Hügel gegraben. Ein langer Gang führt zu der Kammer, in der die Jungen zur Welt kommen. Der Gang kann 10 m lang sein und steigt an, damit kein Regenwasser in die Kammer fließt.

Zu dieser Frage können hauptsächlich drei Textstellen herangezogen werden: S. 40; S. 53; S. 61
Um ein umfangreicheres Informationsblatt zusammenzustellen, müsst ihr zusätzliches Material heranziehen. Gerade zu diesem Thema gibt es sehr anschauliches (bebildertes) Material in Biologiebüchern, Lexika usw.
Hier könnt ihr auch gut selbst zeichnen!

Im Alter von zwei Wochen können die Jungen laufen. Etwa eine Woche später kommen sie das erste Mal aus der Höhle und spielen im Eingang.

Wolfsjunge werden von der Geburt an liebevoll betreut. Ihre Eltern sorgen dafür, dass sie wohlgenährt, sauber und sicher sind.
Noch Wochen nach der Geburt bleibt die Mutter immer in der Nähe der Jungen. Meist muss sie die Jungen nicht verlassen, um Futter zu besorgen, weil der Vater und andere Rudelmitglieder ihr Futter bringen.
Wenn die Jungen älter werden und die Welt zu erkunden beginnen, spielen auch andere Familienmitglieder eine größere Rolle in ihrem Leben. Die Jungen lernen, die älteren Wölfe zu respektieren, und suchen sich ihren Platz in der Rangordnung des Rudels.

3. Überlebenstraining in der Tundra

Arbeitsgruppe 3 (Vorbemerkung)

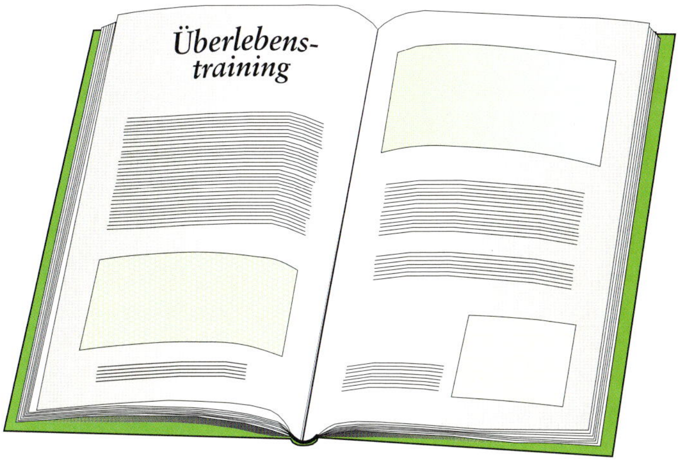

Wie gut, dass Miyax immer sehr interessiert alles verfolgt hat, wenn sie mit Kapugen unterwegs war! Wie viel konnte sie doch von ihm und den Eskimos lernen!
Das alles soll eure Arbeitsgruppe zur „allgemeinen Verwertung“ zusammentragen, ordnen und leicht verständlich und anschaulich dokumentieren; einiges muss/kann vielleicht noch erläutert oder mit **Zeichnungen** verdeutlicht werden: So entsteht eine **Anleitung für ein Überlebenstraining in der Tundra – ohne Gewehr und Gewähr!!**

Eine solche **Anleitung** könnte folgende Kapitel aufweisen:

1. **Grundausstattung**
2. **Orientierung (räumliche/zeitliche)**
3. **Unterkunft/Wohnen**
4. **Nahrung (Beschaffung/Zubereitung/Aufbewahrung)**
5. **Praktisches für den Alltag**
6. **Tier- und Pflanzenwelt in der Tundra**

Zu den einzelnen „Kapiteln“ geben wir euch Textstellen aus der Lektüre an und fügen gelegentlich auch schon Zusatzinformationen bei.
Sicher ist es ratsam, in eurer Gruppe die **Aufträge zu verteilen.** Für die unterschiedlichen Themengebiete gibt es einen oder zwei Experten, die sehr zielgerichtet arbeiten und auch zusätzliches Material (nachfragen bei Erdkunde-/Biologie-/Physiklehrern und -lehrerinnen, Büchereien u.s.w.) auswerten können. (**Achtung:** Die Themengebiete sind für die Bearbeitung unterschiedlich ergiebig!)
Innerhalb eurer Gruppe müsst ihr euch natürlich **untereinander austauschen,** eure Ideen und Ergebnisse vorstellen und diskutieren. Vor allem müsst ihr euch dann wieder **gemeinsam überlegen,** wie ihr euren Beitrag zum Buch den anderen Klassenmitgliedern vorstellt, z. B.: in Referaten; Darstellung der Ergebnisse auf Folien; Fotos, Zeichnungen, Skizzen; Vorlesen von Beschreibungen (sind sie verständlich?) u. Ä. **Diesen „Vortrag“ müsst ihr dann auch gemeinsam vorbereiten.** Anhand der Seiten „Gewusst wie!“ (siehe Anhang) könnt ihr euch noch einmal vergewissern, wie man Berichte, Beschreibungen usw. verfasst. Vielleicht müsst ihr dazu auch bei eurer Lehrerin/eurem Lehrer nachfragen und um zusätzlichen Unterricht bitten.

Grundausstattung und Orientierung

S. 15; 120/121

So sieht z. B. ein *ulu* aus:

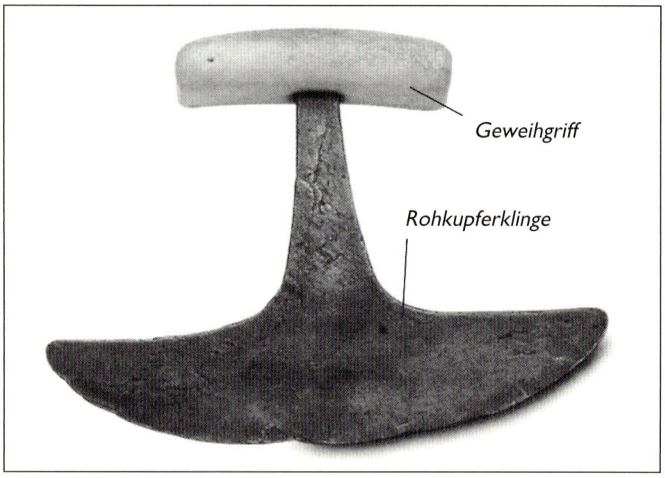

S. 7; 13; 38/39; 46; 54/55; 68; 75–77; 80/81; 126/127; 132/133; 171

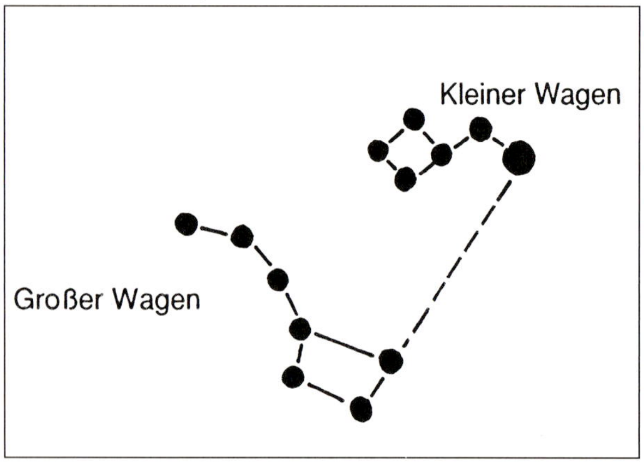

Der Polarstern

Knapp zwei Vollmonddurchmesser vom Himmelsnordpol entfernt steht ein mit bloßem Auge sichtbarer Stern, den wir den Polarstern nennen. Das ist ein riesiger Stern mit 2000-facher Sonnenleuchtkraft. Diesen Stern findet man, indem man die Hinterachse des „Großen Wagens" etwa fünfmal verlängert. Am Ende dieser Strecke liegt der Polarstern, der zugleich vorderer Stern des „Kleinen Wagens" ist.

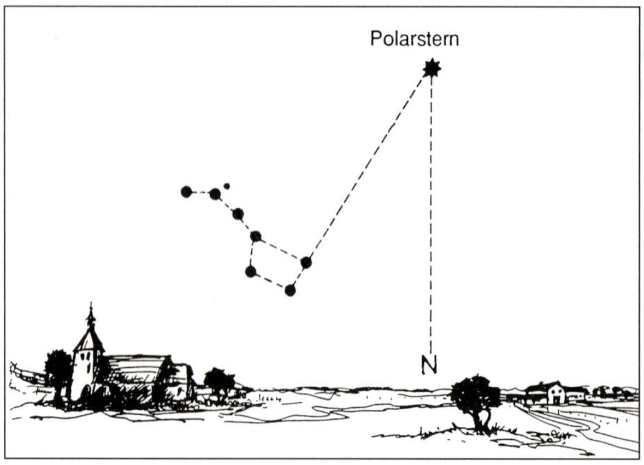

Die Eskimos erkannten bald, dass dieser leuchtende Stern niemals hinter dem Horizont verschwindet. Fällt man vom Polarstern das Lot zum Horizont, so erhält man die Himmelsrichtung Norden. Eine hervorragende Methode, um in einer klaren Sternennacht ohne Kompass die Himmelsrichtung zu finden.

Arbeitsblatt 3/2

Unterkunft und Nahrung

Unterkunft

S. 16/17: Grasziegelhaus; 61 ff: Wolfshöhle; 139: Zelt; hier enthält der Lektüretext einen Druckfehler: Miyax zerschneidet nicht ihren **Schlitten** (S. 139, Z. 23), sondern eine **Karibu-Haut** (S. 143, Z. 17)! Den Schlitten baut sie sich erst noch (S. 144 f)!

Nahrung (Beschaffung/Zubereitung/Aufbewahrung/Transport)

S. 18; 36; 37; 42; 44/45; 54/55; 57–59; 66; 73/74; 78; 127/128; 139–142; 155

Die Pflanzen und Tiere, die hier erwähnt werden, können bei den Ergebnissen zu dem Arbeitsblatt 3/4, in dem Tiere und Pflanzen der Tundra vorgestellt werden sollen, „nachgeschlagen“ werden. Es ist sicher sinnvoll, mit den Schülerinnen und Schülern, die dieses Thema bearbeiten, vorher Absprachen zu treffen (z. B. 3/2 und 3/4 zusammen zu bearbeiten).

Praktisches für den Alltag

S. 123 (Kamm/Waffe); 126 (Nähfadengewinnung); 153 (Kerzenherstellung); 130 (Brennmaterial); 142 (Wie man sich wärmen kann); 143–145 (Wie man einen Schlitten bauen kann); 145 (Schneeschuhe basteln); 67; 153 (Wie man sich die Zeit vertreiben kann)

Schlittenbau

Aneinandergelegte Fische wurden in nasse Karibu- oder Robbenhäute eingewickelt. In gefrorenem Zustand wurden sie als Laufflächen verwendet.

Hier wurden die noch nicht gefrorenen Laufflächen fest zusammengeschnürt, damit sie möglichst haltbar wurden.

Nachdem die Laufflächen mit Querlatten aus Geweih oder Knochen verbunden waren, wurde feuchtes Moos auf die Unterseite der Laufflächen aufgetragen und festgefroren. Den Abschluss bildete eine Glasur aus blankem Eis, damit der Schlitten so reibungslos wie möglich dahinglitt.

Eskimos verwenden auch manchmal tiefgefrorene Fische als Schlittenkufen!

Tier- und Pflanzenwelt in der Tundra

Tiere: S. 9; 12; 17/18; 36/37; 54–58; 62; 93; 126/127; 133; 147; 149; 154

Pflanzen: S. 12; 13; 36; 38/39; 48; 66; 131; 146/147; 169

Ein Grizzlybär

Karibus

Projekt: **Balladen**

(Jahrgangsstufe 8)

Projekt „produkt“: Wir laden ein zum Balladenabend

„Menschen, höret die Geschichte,
Die erst kürzlich ist gescheh'n,
Die ich treulich euch berichte,
Lasst uns dran ein Beispiel sehn.
Lasst uns redlich hier nur handeln,
Treu erfüllen unsre Pflicht,
Stets der Tugend Pfad nur wandeln,
Tugend gibt uns reines Licht.“

Eduard Ritter: Der Marktschreier von Selowitz (1848)

Liebe Schülerinnen und Schüler!

Welcher Schüler musste nicht in seiner Schulzeit mindestens einmal ein Gedicht auswendig lernen? Da könnt ihr eure Eltern fragen, eure Großeltern, Onkel und Tanten!
Häufig handelte es sich bei diesen Gedichten um **Balladen.** Goethes „Zauberlehrling" oder Fontanes „Herr von Ribbeck auf Ribbeck im Havelland" oder „John Maynard" und viele andere mehr mussten auswendig gelernt und fehlerfrei aufgesagt werden.
Dafür allein sind uns Balladen zu schade! Wir wollen mit ihnen anders im Unterricht umgehen. Man kann nämlich tolle Sachen mit ihnen machen!
Balladen sind „Erzählgedichte", d. h., hier werden in Versform Geschichten erzählt, und die kann man auch in ganz anderen Formen verarbeiten: Man kann dazu Lieder schreiben, einen Bänkelvortrag gestalten, die Geschichte in einer Nachrichtensendung zu einem dramatischen Ereignis umarbeiten, eine Reportage dazu verfassen, am Geschehen Beteiligte in einer Talk-Show befragen und vieles andere mehr!
Und die dann entstandenen Produkte sind bestimmt vorzeigbar! Wie wäre es, wenn ihr einen „Balladenabend" vorbereitet und die geladenen Gäste mit euren Beiträgen unterhaltet? Vor allen Dingen könnten alle aus eurer Klasse beteiligt werden, diejenigen, die

- Spaß an der Musik haben,
- sachlich berichten können,
- dramatisieren können,
- analysieren können,
- interviewen können,
- Theater spielen können,
- die sowieso später einmal Moderator/Moderatorin werden wollen
- usw.

Das könnte viel Spaß machen und für eure Klasse ein großer Erfolg werden! Vielleicht „springt sogar etwas für eure Klassenkasse heraus"!

Schaut euch die folgenden Materialien am besten einmal an und entscheidet, ob ihr euch auf solch ein „Unterfangen" einlassen wollt (das ist nämlich auch mit Arbeit verbunden!).

1. Bearbeitungsmöglichkeiten

1. Das Geschehen einer Ballade als Bänkellied vortragen

2. Einen Balladenvortrag erarbeiten
- lesen (Einzelvortrag)
- mit verteilten Rollen lesen
- mit verteilten Rollen lesen, gestisch und mimisch, pantomimisch gestalten
- mit verteilten Rollen lesen, gestisch und mimisch, pantomimisch gestalten mit Hintergrundgeräuschen, -musik

3. Vorhandene Balladenvorträge von „Profisprechern“
- auf Tonband vorspielen
- kommentieren
- mit eigenen Vorträgen kontrastieren
- darüber mit Zuschauern/Zuhörern in ein Gespräch eintreten

4. Vertonungen von Balladen
- dem Publikum vorspielen
- zum Gesprächsthema machen (z. B. in einer Talkshow/siehe auch 8.)
- eigenen Versuchen gegenüberstellen

5. Live-Reportage im Hörfunk
- vom Geschehen einer Ballade live berichten
- vom Geschehen einer Ballade live berichten und Beteiligte und „Zeugen“ interviewen

6. Eine Nachrichtensendung „spielen“
- Nachricht in einem öffentlich-rechtlichen Sender
- Nachrichtenbeitrag für einen privaten Sender
- Kommentar

7. Bearbeitung des Balladengeschehens für die Presse

8. Zu einer Gesprächsrunde im Fernsehen einladen:
- Moderator/Moderatorin
- Personen des Balladengeschehens
- „Fachkommentatoren“
- Verwandte/Familie
- Balladendichter
- Komponisten

9. Szenisches Darstellen mit Kulissen/Hintergrundbildern/Musik/Geräuschen

2. Mögliches Programm

Kaspar
als Bänkellied
- Vortrag des Liedes
- mit eigener musikalischer Begleitung
- Veranschaulichung durch Bildtafeln und Stabfiguren

John Maynard
John Maynard in den Medien
- Rezitieren der Ballade
- Nachrichtensendungen
  - im öffentlich-rechtlichen Fernsehen
  - Nachrichten bei einem privaten Sender mit Live-Schaltung zum „Tatort“
- „Extrablatt“! „Extrablatt“! – „John Maynard“ in der Presse

Der Totentanz
szenisch dargestellt
- Rezitieren der Ballade
- Singen einer Vertonung
- und dazu Tanz (in Kostümen)
- Projektion von Bildern als Hintergrund

Erlkönig
Der Erlkönig – richtig vertont!?
- Rezitieren der Ballade
- Einspielung vorhandener Vertonungen
- Talkshow: Gäste: Goethe – Schubert – Reichardt – Loewe; mit Umfrage bei den Zuschauern
- Projektion von Hintergrundbildern

Der Zauberlehrling
Der Zauberlehrling – eine vielseitige Annäherung
- eigener Balladenvortrag
- Interviews der beteiligten „Balladenhauptdarsteller“: der heutige Auszubildende – Anforderungen und Ansprüche!
- Vortrag eines bekannten Rezitators (Lutz Görner); dazu: eigene pantomimische Darstellung
- Erzählung (Schülerarbeit) mit Musik (Vertonung von Paul Dukas)

Reinhard Mey

Kaspar

I

Sie sagten, er käme von Nürnberg her
und er spräche kein Wort.
Auf dem Markplatz standen sie um ihn her
und begafften ihn dort.
Die einen raunten: „Er ist ein Tier",
Die anderen fragten: „Was will der hier?"
Und dass er sich doch zum Teufel scher'.
„So jagt ihn doch fort, –
so jagt ihn doch fort!" –

II

Sein Haar in Strähnen und wirre,
sein Gang war gebeugt.
„Kein Zweifel, dieser Irre
ward vom Teufel gezeugt."
Der Pfarrer reichte ihm einen Krug
Voll Milch, er sog in einem Zug.
„Er trinkt nicht vom Geschirre,
den hat die Wölfin gesäugt!
Den hat die Wölfin gesäugt!"

III

Mein Vater, der in uns'rem Orte
Schulmeister war,
Trat vor ihn hin, trotz böser Worte
rings aus der Schar.
Er sprach zu ihm ganz ruhig, und
Der Stumme öffnete den Mund
Und stammelte die Worte:
„Heiße Kaspar,
heiße Kaspar."

IV

Mein Vater brachte ihn ins Haus,
„Heiße Kaspar!"
Meine Mutter wusch seine Kleider aus
und schnitt ihm das Haar.
Sprechen lehrte mein Vater ihn,
Lesen und Schreiben, und es schien,
was man ihn lehrte, sog er in sich auf –
wie gierig er war,
wie gierig er war!

V

Zur Schule gehörte derzeit
noch das Üttinger Feld,
Kaspar und ich pflügten zu zweit,
bald war alles bestellt;
Wir hegten, pflegten jeden Keim,
Brachten im Herbst die Ernte ein,
Von den Leuten vermaledeit,
von deren Hunden verbellt,
von deren Hunden verbellt.

VI

Ein Wintertag, der Schnee lag frisch,
es war Januar.
Meine Mutter rief uns: „Kommt zu Tisch,
das Essen ist gar!"
Mein Vater sagte: „... Appetit",
Ich wartete auf Kaspars Schritt,
Mein Vater fragte mürrisch:
„Wo bleibt Kaspar?
Wo bleibt Kaspar?"

VII

Wir suchten, und wir fanden ihn
auf dem Pfad bei dem Feld.
Der Neuschnee wehte über ihn,
sein Gesicht war entstellt,
Die Augen angstvoll aufgerissen,
Sein Hemd war blutig und zerrissen.
Erstochen hatten sie ihn,
dort am Üttinger Feld,
dort am Üttinger Feld!

VIII

Der Polizeirat aus der Stadt
füllte ein Formular.
„Gott nehm' ihn hin in seiner Gnad",
sagte der Herr Vikar.
Das Üttinger Feld liegt lang schon brach,
Nur manchmal bell'n mir noch die Hunde nach,
Dann streu' ich ein paar Blumen auf den Pfad,
für Kaspar,
für Kaspar.

Arbeitsblatt 1/2

Kaspar/Text/Historischer Hintergrund

Arbeitsanregungen (Liedtext)

1. **Hört** euch zunächst das Lied von Reinhard Mey an und **lest** dazu den Text. Gebt das Geschehen in einer **Erzählung** wieder.
2. Aus welcher Perspektive wird erzählt und welche Haltung nimmt der Erzähler gegenüber Kaspar ein? Belegt am Text!
3. Welche Meinung haben die anderen Personen über Kaspar? Belegt ebenfalls am Text!
4. Was könnte es mit diesem Kaspar auf sich haben? Stellt Vermutungen an!
5. Untersucht das Reimschema der Strophen (z. B. a b a b usw.; das könnt ihr doch sicher noch! Sonst müsst ihr mit eurer Lehrerin/eurem Lehrer noch einmal wiederholen). Wie sind die einzelnen Strophen aufgebaut?
6. Jetzt lest das Lied laut! Richtet ihr euch dabei nach dem Reimschema aus?

Wer war Kaspar Hauser?

Mit dem Inhalt des Liedes bezieht sich Reinhard Mey auf die historische Figur des Kaspar Hauser.

Kaspar Hauser, eine historisch umstrittene Person, * angeblich 30. 4. 1812, † Ansbach 17. 12. 1833. – Herkunft, Lebensweg und Tod K. H.s sind bis heute weitgehend rätselhaft geblieben, sie bilden seit 1833 die Vorlage für literarische Werke. – Das Findelkind tauchte am 26. 5. 1828 in Nürnberg auf und gab an, lange in einem Verlies festgehalten worden zu sein, was die kaum vorhandenen Sprach- und Schreibkenntnisse sowie die begrenzte geistige Entwicklung erklärte. In der Öffentlichkeit und als Studienobjekt für die Wissenschaft erregte der Fall großes Interesse. Der Ansbacher Rechtsgelehrte P. J. Anselm von Feuerbach wurde K. H.s Vormund und hinterließ detaillierte Aufzeichnungen über ihn. Nachdem man K. H. bereits am 17. 10. 1829 mit einer mysteriösen Schnittwunde gefunden hatte, erlag er den Folgen einer Stichverletzung, die ihm ein Unbekannter am 14. 12. 1833 zugefügt hatte. Sowohl diese Umstände als auch Indizien, die sich aus späteren Untersuchungen ergaben, nährten das Gerücht, es habe sich bei K. H. um den am 29. 9. 1812 geborenen und am 16. 10. 1812 angeblich gestorbenen Erbprinzen des badischen Großherzogs Karl Ludwig gehandelt, der auf Veranlassung der rivalisierenden Hochbergischen Linie gegen einen sterbenden Säugling ausgetauscht, lange festgehalten und schließlich umgebracht worden sei. Neueste gentechnische Untersuchungen eines Blutfleckens auf Hausers Hose und der Vergleich mit dem Blut der Nachfahren des badischen Großherzogs widerlegen dieses Gerücht aber endgültig.

Arbeitsanregungen

1. Stellt die Informationen des Lexikonartikels den Angaben im Lied gegenüber.
2. Wodurch unterscheiden sich die beiden Textarten?

Das Lied von Reinhard Mey könnte man auch als eine „moderne Ballade“ bezeichnen. Informationen darüber, was unter Balladen zu verstehen ist und wie sie entstanden sind, entnehmt bitte dem Arbeitsblatt 2.

Arbeitsblatt 2

Kaspar/Moritaten und Balladen

Versuchen wir uns einmal zurückzuversetzen in eine Zeit ohne Rundfunk und Fernsehen, Einrichtungen, die uns heute mit Informationen und Unterhaltung versorgen. Was bliebe da, wenn man Neues erfahren oder sich zerstreuen wollte? Man könnte Zeitung lesen, gewiss, aber noch vor zwei Jahrhunderten war die Zahl der Analphabeten in Deutschland beträchtlich. Wie holten sich die „kleinen Leute" damals Informationen über das, was in der Welt passierte, womit verschafften sie sich Zeitvertreib und Unterhaltung? Da gab es zum Glück die **Bänkelsänger.** Das waren „fahrende" Leute, die auf Jahrmärkten und Kirchweihfesten auftraten und auf einer **Bank** stehend Schauergeschichten, Katastrophenberichte und Mordtaten zum Besten gaben. Was sie sangen, nannte man **„Moritaten"**, eine Verballhornung* des Wortes **„Mordtaten".** Die Sensationsberichte aus aller Herren Länder, von meist unbekannten Verfassern mehr oder weniger korrekt gereimt, wurden gesungen; und dazu spielte die Drehorgel eine volkstümliche Melodie. Zugleich zeigt der Bänkelsänger mit einem Stab auf einer Bildtafel im Hintergrund die wichtigsten Phasen des dargestellten Ereignisses. [...]

Die Themen dieser Moritaten waren natürlich ganz bunt gemischt: Manche waren bloße Klatschgeschichten und dienten einfach der Unterhaltung; manche hatten aber auch eine politische Aussage: „Weltgeschichte von unten" hat man sie genannt. [...]

Das klangvolle Wort **„Ballade"** stammt aus Südfrankreich und bezeichnete ein Lied, das beim Tanzen gesungen wurde. Dieser Begriff wurde dann im deutschen Sprachraum auf Lieder übertragen, die etwas mit Märchen und Sagen gemeinsam haben, die von Kriegen und Kämpfen, von Heldentaten, aber auch von Dämonen und Geistern erzählten. Wir wissen nicht, wer sie gedichtet hat, sie wurden mündlich weiterüberliefert und ebenso gern gesungen wie gehört. Solche **„Volksballaden"** werden deshalb heute von Fachleuten auch **„Erzählgedichte"** genannt. Tanzlied und Erzählgedicht – das ist nur ein scheinbarer Widerspruch, vielmehr steckt von beiden etwas in unseren heutigen Balladen. Vom **Tanzlied** der Rhythmus und die Bewegung. Man muss nur einmal eine Ballade laut lesen, um diesen Rhythmus als ein Wesensmerkmal so richtig zu verspüren [...]. Mit diesem Rhythmus hängen **Reim** und **Strophe** zusammen, die uns schon rein äußerlich von der Form her zeigen, dass es sich bei der Ballade um ein **Gedicht** handelt. Aber im Gegensatz zu den meisten Gedichten, die

Volksfest bei Cannstadt im Herbst 1835

* **verballhornen:** ein Wort oder einen Namen aus Unkenntnis entstellen; das seit Beginn des 19. Jh. bezeugte Verb ist von dem Namen des Lübecker Buchdruckers Joh. Ballhorn abgeleitet, bei dem im 16. Jh. eine fehlerhaft korrigierte Ausgabe des lübeckischen Rechtes erschien.

doch in erster Linie Gefühle, Stimmungen, persönliches Erleben ausdrücken wollen, möchte eine Ballade erzählen. Wir können also von Geschichten in Gedichtform sprechen; aber das wäre noch zu wenig, denn genau betrachtet ist fast jede Ballade auch ein kleines Schauspiel (Drama). Da gibt es Szenenanweisungen wie „Er stand auf seines Daches Zinnen ...", „Schwedische Heide, Novembertag, der Nebel grau am Boden lag ...", dann aber auch höchst eindrucksvolle Monologe und Dialoge der handelnden Personen. Und so dürfen wir feststellen, dass eine gute Ballade die **Elemente eines Gedichts, einer Erzählung und eines Dramas** in sich vereinigt. [...]
Im 18. Jahrhundert erhielten sie [die Volksballaden] dann eine ernsthafte Konkurrenz in den **„Kunstballaden"**, die von Dichtern geschaffen wurden. An Stoffen fehlte es ja nicht. Vor allem die Geschichte und die Welt der Sage boten ausreichende Vorbilder, aber auch heitere Themen und Schwänke wurden aufgenommen und in den Balladen neu gestaltet.
[...] Goethe und Schiller schufen eine Reihe berühmter Balladen, wobei Goethe sich Mythen und Natursagen als Vorbilder wählte, während Schiller seine Stoffe besonders aus der Geschichte übernahm. [...]
Goethe schrieb einmal: „Das Geheimnis der Ballade entspringt aus der **Vortragsweise**", und das gilt heute noch. Balladen wollen nicht nur gelesen, sie wollen auch gut vorgetragen sein. Es lohnt sich, die eine oder andere Ballade auswendig zu lernen; denn erst dann wird man sie bis in die letzten sprachlichen Feinheiten hinein richtig erfassen.

Arbeitsanregungen

1. Erklärt, was man unter **Bänkellied, Volksballade und Kunstballade** versteht.

2. In dem Text heißt es: „Eine gute Ballade vereinigt in sich Elemente eines **Gedichts,** einer **Erzählung** und eines **Dramas**". Inwieweit trifft das auch auf „Kaspar" zu?

3. „Kaspar" könnte man auch gut als Bänkellied vortragen! Ihr habt gelernt: Das Bänkellied wurde gesungen, der Sänger zeigte mit einem Stab auf einer Bildtafel im Hintergrund die wichtigsten Phasen des dargestellten Ereignisses; ein Instrument spielte dazu eine volkstümliche Melodie. – Die Melodie habt ihr schon; eine musikalische Begleitung und den Liedvortrag könnt ihr im Musikunterricht erarbeiten, die Bildtafeln könnt ihr im Kunstunterricht erstellen; ihr müsst nun noch überlegen, **welche Phasen des Ereignisses** auf diesen Tafeln festgehalten werden sollen. Legt diese Phasen fest!

Kaspar/Liedvortrag

2. Sein Haar in Strähnen und wirre, sein Gang war gebeugt.
„Kein Zweifel, dieser Irre ward vom Teufel gezeugt."
Der Pfarrer reichte ihm einen Krug voll Milch, er sog in einem Zug.
„Er trinkt nicht vom Geschirre, den hat die Wölfin gesäugt!"

3. Mein Vater, der in unserm Orte der Schulmeister war,
trat vor ihn hin, trotz böser Worte rings aus der Schar;
er sprach zu ihm ganz ruhig, und der Stumme öffnete den Mund
und stammelte die Worte: „Heiße Kaspar."

4. Mein Vater brachte ihn ins Haus, „Heiße Kaspar!"
Meine Mutter wusch seine Kleider aus und schnitt ihm das Haar.
Sprechen lehrte mein Vater ihn, lesen und schreiben, und es schien,
was man ihn lehrte, sog er in sich auf – wie gierig er war!

5. Zur Schule gehörte derzeit noch das Üttinger Feld,
Kaspar und ich pflügten zu zweit, bald war alles bestellt;
wir hegten, pflegten jeden Keim, brachten im Herbst die Ernte ein,
von den Leuten vermaledeit, von deren Hunden verbellt.

6. Ein Wintertag, der Schnee war frisch, es war Januar.
Meine Mutter rief uns: „Kommt zu Tisch, das Essen ist gar!"
Mein Vater sagte: „... Appetit", ich wartete auf Kaspars Schritt,
mein Vater fragte mürrisch: „Wo bleibt Kaspar?"

7. Wir suchten, und wir fanden ihn auf dem Pfad bei dem Feld.
Der Neuschnee wehte über ihn, sein Gesicht war entstellt,
die Augen angstvoll aufgerissen, sein Hemd war blutig und zerrissen.
Erstochen hatten sie ihn, dort am Üttinger Feld!

8. Der Polizeirat aus der Stadt füllte ein Formular.
„Gott nehm' ihn hin in seiner Gnad", sagte der Herr Vikar.
Das Üttinger Feld liegt lang schon brach, nur manchmal bell'n mir noch die Hunde nach,
dann streu' ich ein paar Blumen auf den Pfad, für Kaspar.

Arbeitsblatt 4 für den Kunstunterricht

Kaspar/Bildtafeln und Stabfiguren

A. Inhaltliche Vorbereitung der Gestaltungsarbeit

Untersucht die Ballade Strophe für Strophe und haltet eure Ergebnisse in einer Tabelle fest:
- ➜ In welche Szenen lässt sich die Handlung gliedern?
- ➜ An welchen Schauplätzen findet das Geschehen statt?
- ➜ Welche Personen spielen neben Kaspar Hauser, der Hauptperson, eine Rolle?
- ➜ Wie verhalten sich die Personen in den jeweiligen Situationen?
- ➜ Von welcher Bedeutung könnten eine zusätzliche „Einleitungs-" und eine „Schluss-Szene" sein?

Tabelle

Schauplatz	Personen	Verhalten der Personen
1) 2) 3) usw.		

B. Anfertigung der Kulissen und Stabfiguren in Gruppenarbeit (arbeitsteilig)

Benötigte Materialien:
große Pappen, weißes Zeichenpapier, Dispersionsfarben, Borstenpinsel, Scheren, Klebstoff, Schnur, Holzleim, dünne Holzstäbe, ggf. Kuvertklammern, dünne Drahtstangen

Gruppe I – Herstellung der Kulissen:
Zeichnet die einzelnen Schauplätze großformatig auf Papptafeln (je nach Abbildung unterschiedliche Formate) und gestaltet sie farbig. Entwerft auch eine „Einleitungs-Tafel" (auf der ihr z. B. Autor und Titel der Ballade vorstellt) und ein „Schlussbild". Befestigt an den oberen Ecken der fertig gestellten Tafeln eine Aufhängung (starke Schnur).

Gruppe II – Herstellung der Stabfiguren:
Zeichnet die wichtigen Spielfiguren mit ihren charakteristischen Merkmalen in angemessener Größe auf weißes Zeichenpapier. Achtet auf die entsprechende Mimik und Gestik. Gestaltet die Figuren farbig, klebt sie sorgfältig auf Pappe und schneidet sie entlang ihrer Umrisse aus. Befestigt auf der unbemalten Rückseite jeder Figur einen langen Holzstab zum Halten.

Zusatzmöglichkeit: Mithilfe von Einzelgliedern, die an den Gelenken mit Kuvertklammern verbunden und am äußeren Ende von dünnen Drahtstangen gehalten werden, lassen sich auch einfache Bewegungen (z. B. eines Armes oder Beines) durchführen.

Einzelarbeit – Gestaltung der Hauptfigur Kaspar:
Stellt auf die gleiche Weise wie oben beschrieben die Hauptfigur Kaspar her. Es sind, passend zu den unterschiedlichen Szenen, verschiedene Darstellungen erforderlich. Achtet darauf, die charakteristischen Merkmale Kaspars jeweils beizubehalten.

C. Aufführung

Die Kulissen können während der Aufführung (Vortrag der Ballade) mithilfe der Halteschnüre den Szenen entsprechend nacheinander an einem Kartenständer aufgehängt werden. Die Spielfiguren, jeweils von den Schülern gehalten, werden dazu vor den Kulissen bewegt.

Hier seht ihr einige Beispiele für die Kulissen und Stabfiguren:

Diese Anregungen für den Kunstunterricht verdanken wir Frau Birgit Diercks.

4. John Maynard/Balladentext

Auch in dieser Ballade geht es um eine Person, die wirklich gelebt haben soll, und ein Ereignis, das sich wirklich zugetragen hat.

1. Lest zunächst die Ballade und vergegenwärtigt euch, was geschehen ist. Erzählt!

Theodor Fontane

John Maynard

John Maynard!
„Wer ist John Maynard?"
„John Maynard war unser Steuermann,
Aus hielt er, bis er das Ufer gewann,
Er hat uns gerettet, er trägt die Kron,
Er starb für uns, unsre Liebe sein Lohn.
John Maynard."

*

Die „Schwalbe" fliegt über den Eriesee,
Gischt schäumt um den Bug wie Flocken von Schnee;
Von Detroit fliegt sie nach Buffalo –
Die Herzen aber sind frei und froh,
Und die Passagiere mit Kindern und Fraun
Im Dämmerlicht schon das Ufer schaun,
Und plaudernd an John Maynard heran
Tritt alles: „Wie weit noch, Steuermann?"
Der schaut nach vorn und schaut in die Rund:
„Noch dreißig Minuten ... Halbe Stund."

Alle Herzen sind froh, alle Herzen sind frei –
Da klingt's aus dem Schiffsraum her wie Schrei,
„Feuer!", war es, was da klang,
Ein Qualm aus Kajüt und Luke drang,
Ein Qualm, dann Flammen lichterloh,
Und noch zwanzig Minuten bis Buffalo.

Und die Passagiere, bunt gemengt,
Am Bugspriet stehn sie zusammengedrängt,
Am Bugspriet vorn ist noch Luft und Licht,
Am Steuer aber lagert sich's dicht,
Und ein Jammern wird laut: „Wo sind wir? Wo?"
Und noch fünfzehn Minuten bis Buffalo. –

Der Zugwind wächst, doch die Qualmwolke steht,
Der Kapitän nach dem Steuer späht,
Er sieht nicht mehr seinen Steuermann,
Aber durchs Sprachrohr fragt er an:
„Noch da, John Maynard?"
„Ja, Herr. Ich bin."
„Auf den Strand! In die Brandung!"
„Ich halte drauf hin."
Und das Schiffsvolk jubelt: „Halt aus! Hallo!"
Und noch zehn Minuten bis Buffalo. –

„Noch da, John Maynard?", und Antwort schallt's
Mit ersterbender Stimme: „Ja, Herr, ich halt's!"
Und in die Brandung, was Klippe, was Stein,
Jagt er die „Schwalbe" mitten hinein.
Soll Rettung kommen, so kommt sie nur so.
Rettung: der Strand von Buffalo!

*

Das Schiff geborsten. Das Feuer verschwelt.
Gerettet alle. Nur *einer* fehlt!

*

Alle Glocken gehn; ihre Töne schwelln
Himmelan aus Kirchen und Kapelln,
Ein Klingen und Läuten, sonst schweigt die Stadt,
Ein Dienst nur, den sie heute hat:
Zehntausend folgen oder mehr,
Und kein Aug im Zuge, das tränenleer.

Sie lassen den Sarg in Blumen hinab,
Mit Blumen schließen sie das Grab,
Und mit goldner Schrift in den Marmorstein
Schreibt die Stadt ihren Dankspruch ein:
„Hier ruht John Maynard! In Qualm und Brand
Hielt er das Steuer fest in der Hand,
Er hat uns gerettet, er trägt die Kron,
Er starb für uns, unsre Liebe sein Lohn,
John Maynard."

2. Die Präsentation der einzelnen Strophen ist drei Mal unterbrochen (kleine Sternchen). Könnt ihr eine Erklärung dafür finden?
3. In den einzelnen Teilen wechselt auch manchmal das Tempus. Erklärt diesen Wechsel.
4. Ihr stimmt sicher darin überein, dass es dem Dichter gelungen ist, Spannung zu erzeugen. Wie ist ihm das gelungen? Belegt am Text!
5. Diese Ballade wird der Gattung „Heldenballade" zugeordnet. Wo wird im Text ganz deutlich, dass hier das Loblied auf einen Helden gesungen wird?

Arbeitsblatt 1/2 John Maynard/Hintergrundwissen

Diesem Material könnt ihr entnehmen,
- woher Fontane die Idee zu seiner Ballade hatte,
- auf welches wirkliche Ereignis sich das Balladengeschehen bezieht.

Wer war John Maynard?

Fontane lernte 1886, kurz bevor er seine Ballade schrieb, ein Gedicht des amerikanischen Autors Horatio Alger kennen, das 11 Jahre zuvor in einer New Yorker Zeitung erschienen war. Darin wurde die Geschichte des John Maynard in 11 jeweils achtzeiligen Strophen folgendermaßen dargestellt:
Der Dampfer „Ocean Queen" fährt an einem strahlenden Hochsommertag vollbesetzt über den Eriesee. Niemand hat den geringsten Anlass, an eine Gefahr zu denken. Plötzlich flüstert ein Matrose dem Kapitän etwas ins Ohr. Der wird bleich, eilt unter Deck – aber es ist bereits zu spät: Ein Brand ist ausgebrochen, der trotz aller Bemühungen nicht mehr gelöscht werden kann. Die verzweifelten Passagiere flehen um Hilfe. „Es gibt nur eine Hoffnung", sagt der Kapitän. „Wir müssen das Schiff auf den Strand setzen." John Maynard am Steuerrad nimmt kaltblütig die entsprechenden Befehle des Kapitäns entgegen. Die dreihundert Passagiere drängen sich angstvoll am Bug; am Heck steht der Steuermann, von Rauch und Flammen eingeschlossen. „Noch eine halbe Meile", rufen sie. „Noch fünf Minuten zum Strand", ruft der Kapitän. John Maynard hält das Steuer nur noch mit einer Hand, er nimmt das Knie zu Hilfe. In letzter Minute setzt er das Schiff aufs Land. Die glücklich Geretteten preisen laut den tapferen Steuermann; doch er ist tot, neben dem Steuer zusammengesunken, von den Wellen über Bord gespült.

Das Gedicht von Horatio Alger war nicht die erste literarische Bearbeitung eines Ereignisses, das bereits viele Jahrzehnte zurücklag. Und auch der Name John Maynard für den Steuermann war bereits 1845 in einem Text aufgetaucht. Allerdings war in Wirklichkeit alles ganz anders, als es Fontane und seine Vorläufer darstellten. Walter Keitel, der Herausgeber der Werke Fontanes, fand Folgendes heraus:

Am 9. August 1841, abends kurz nach 8 Uhr, fing das Passagierschiff „Erie" in der Nähe von Silver Creek* im Eriesee Feuer. Kapitän Titus befahl dem Steuermann Luther Fuller, das Schiff auf Land zu setzen. Aber bevor das Schiff die Küste erreicht hatte, brannte die Steueranlage durch, und 249 Passagiere kamen ums Leben. Fuller verließ mit schweren Verbrennungen als letzter Mann das Schiff, überlebte jedoch das furchtbare Unglück. Er starb am 22. November 1900 als Trinker im Armenhaus Pennsylvania (Bezirk Erie) unter dem angenommenen Namen James Rafferty. Kapitän Titus, der ebenfalls überlebte, ließ den Steuermann allerdings unter den 249 Toten eintragen.

* **Silver Creek:** Ort am Ufer des Eriesees, ca. 30 km von Buffalo

1. Vergleicht zunächst Fontanes Ballade mit dem Inhalt der Gedichtvorlage Algers.
2. Zieht dann das wirkliche Ereignis hinzu und versucht, Begründungen für die Veränderungen zu finden.

John Maynard/Der Dichter Fontane

Über den Dichter sollt ihr natürlich auch etwas erfahren. Vielleicht könnt ihr diese Informationen verwenden, wenn ihr für euren „Balladenabend“ ein Programmheft zusammenstellt!

Theodor Fontane

geb. am 30. 12. 1819 in Neuruppin
gest. am 20. 09. 1898 in Berlin

Fontanes Heimat war die kleine Stadt Neuruppin in der Mark Brandenburg; die Eltern stammten von französischen Flüchtlingen ab, die schon im 17. Jh. in Preußen Aufnahme gefunden hatten. Der Vater war ein leichtlebiger Mann, die Mutter dagegen auf Besitz und bürgerliche Ordnung bedacht. In *Meine Kinderjahre* schildert Fontane seine Jugend, die er in Swinemünde an der Ostsee verbracht hatte. Mit siebzehn Jahren verließ er die Schule und wurde Apotheker. Dreizehn Jahre blieb er in dem ihn nicht befriedigenden Beruf, wurde nach Stationen in Leipzig und Dresden schließlich in Berlin sesshaft. Seine literarischen Interessen und erste schriftstellerische Versuche führten ihn in die Literaturgesellschaft ‚Tunnel über der Spree‘. 1849 entschloss er sich, den Apothekerberuf aufzugeben und Journalist zu werden. Damit begann zugleich ein lange Jahre währender Kampf um eine sichere Existenz für ihn und die inzwischen gegründete Familie. Zweimal, 1852 und 1855–59, weilte er in London, um Berichte für Zeitungen zu schreiben. Von 1860 bis 1870 stand er im Dienst der angesehenen ‚Preußischen Kreuzzeitung‘. Neben der journalistischen Tätigkeit fand er immer wieder Zeit für seine dichterische Arbeit. Schon seit den 40er-Jahren war er durch viele schöne Balladen allgemein bekannt geworden, so etwa durch *Herr von Ribbeck auf Ribbeck im Havelland, Archibal Douglas* (später meisterhaft von Carl Loewe vertont), *Die Brück' am Tay* oder *John Maynard.* Seit 1862 arbeitete er an den fünf Bänden seiner *Wanderungen durch die Mark Brandenburg.* Von Pfarrhaus zu Pfarrhaus, von Schloss zu Schloss, ‚mit Stab und Ränzel wandernd‘, lernte Fontane Land und Leute kennen, die er später auch in seinen Romanen schilderte.

Zu seinen wichtigsten Werken zählen u.a.: *Irrungen Wirrungen; Frau Jenny Treibel; Effi Briest; Stechlin.*

Arbeitsblatt 2

John Maynard/Balladenvortrag

Erinnert ihr euch noch an Goethes Satz: „Das Geheimnis der Ballade entspringt aus der **Vortragsweise**“ (Arbeitsblatt 2/Kaspar)? – Balladen wollen nicht nur gelesen werden, sie wollen auch gut vorgetragen sein. Und das will gelernt sein!!!
„Lesezeichen“ können dabei eine große Hilfe sein:

V	Sprechpause
	Einzelwörter hervorheben
!	betonen
}	Zeilen verbinden
	mit der Stimme nach oben
	mit der Stimme nach unten
	erzählend
	dialogisierend (Stimmlage variieren)
O	monologisierend
Ergänzend sind für Meister des Lesens auch Zeichen zum gestischen und mimischen Ausdruck an bestimmten Zeilen anzubringen:	
	beschwörend
	bewundernd
	fröhlich
	ängstlich
	feierlich

Natürlich könnt ihr – je nach Bedarf – weitere Zeichen selbst „erfinden“!
Auch mit der Variation des **Sprechtempos** kann man erhebliche Wirkung erzielen! Und wenn die Ballade auswendig vorgetragen wird und man nicht in den Text schauen muss, kann man den Vortrag sogar mit der **Körperhaltung** oder mit **pantomimischen Gesten veranschaulichen!**
Um nun die „Lesezeichen“ in den euch vorliegenden Text einzufügen zu können, müsst ihr die Strophen noch einmal abschreiben und zwischen den einzelnen Zeilen entsprechend viel Platz für eure Notizen lassen! (Vielleicht tippt eine/einer von euch den Text in den PC und druckt ihn dann mit entsprechendem Zeilenabstand und in benötigter Anzahl aus?)

„John Maynard" in den Nachrichten

Die „Heldentat" John Maynards ist sicher eine Nachricht im Fernsehen wert!

Es gibt aber viele unterschiedliche Nachrichtensendungen.
Zu diesem Thema könnte euch euer Politiklehrer/eure Politiklehrerin mit viel Material versorgen. Aber hier einige **Grundinformationen:**
Ihr wisst bestimmt, dass in der Bundesrepublik das Rundfunksystem – darunter verstehen die Experten Hörfunk **und** Fernsehen – in den **öffentlich-rechtlichen** und den **privaten Rundfunk** gegliedert ist. Zum öffentlich-rechtlichen Rundfunk gehören z. B. die zur ARD zusammengeschlossenen Landesrundfunkanstalten und das Zweite Deutsche Fernsehen (ZDF). Die bekanntesten „Privaten" sind sicherlich RTL und SAT 1. Damit der öffentlich-rechtliche Rundfunk seine Aufgabe erfüllen kann, darf er sich über **Gebühren seiner Zuhörer und -seher** finanzieren. Der private Rundfunk ist dagegen allein auf **Werbeeinnahmen** angewiesen, braucht also möglichst viele Zuschauer, um möglichst viel Geld für die Werbespots einzunehmen. Die privaten Sender dürfen bis zu 20 % ihrer Sendezeit mit Werbung füllen: **pro Stunde** sind das 12 Minuten. Die öffentlich-rechtlichen Sender dürfen **pro Tag** 20 Minuten mit Werbung füllen und müssen diese vor 20.00 Uhr senden. Hohe Zuschauerzahlen lassen sich erfahrungsgemäß nur mit massenattraktiver Unterhaltung erzielen. Das hat natürlich Auswirkungen auf die Art der Programmgestaltung und auf die Aufbereitung mancher Sendungen, z. B. auch Nachrichtensendungen.
Die Nachrichtensendungen des Privatfernsehens könnte man mit dem Schlagwort **„Infotainment" (Info**rmation und Enter**tainment**) kennzeichnen. Während bei der „Tagesschau" und „heute" die Sprecher die Nachrichten „nur" verlesen (manchmal mit Bildmaterial veranschaulicht), werden bei den Privaten die News von einem „Anchorman" (Moderator) gewichtet, kommentiert und manchmal mit einer „Live-Schaltung" eindrucksvoll untermauert.

Arbeitsanregungen

Für euren Aufführungsabend könnt ihr – nach einer eindrucksvollen Rezitation der Ballade John Maynard – zeigen, wie „John Maynard" in Nachrichtensendungen „verarbeitet" wird.

1. In dem entsprechenden **Fernsehstudio** präsentiert ihr das Geschehen:
   - „John Maynard" als Nachricht in der „Tagesschau" oder in „heute"
   - „John Maynard" als Beitrag in „RTL Aktuell" oder „18.30" (SAT 1) – mit Live-Schaltung (Interview mit einem Augenzeugen/Beteiligten u. Ä.)
2. Eine besondere Herausforderung ist sicherlich eine Live-Reportage vom Geschehen im **Hörfunk.** Diesen Beitrag könntet ihr – bereits auf Tonband gesprochen und mit Geräuschen versehen (Lampenfieber entfällt!) – vorspielen (vorstellbare Situation: Wohnzimmer; der Fernseher wird ausgeschaltet – jemand sucht im Radio einen Sender – bleibt bei einem Sender „hängen", weil die Reportage so spannend ist).
3. Vor der Anfertigung dieser Beiträge lest euch bitte das folgende **Arbeitsblatt 3/2** durch und unterstreicht die für euch relevanten Textpassagen. Das **Arbeitsblatt 4** gibt ebenfalls interessante Hilfen.

Arbeitsblatt 3/2

„John Maynard“ in den Nachrichten

Bericht: Berichte dienen der Information und sollen klar formuliert und genau sein. Sie enthalten keine persönlichen Beurteilungen des Verfassers/der Verfasserin. Ein Bericht soll Antwort geben auf verschiedene W-Fragen:

a) Was? Wer? Wo? Wann?
b) Wie? Warum?
c) Welche Folgen?

Beim Verfassen des Berichtes bitte folgende Gesichtspunkte beachten:

- sachliche Richtigkeit,
- genaue Orts- und Zeitangaben,
- keine persönlichen Gefühle und Wertungen,
- treffende Wortwahl und übersichtlicher Satzbau,
- Tempusform: Präteritum

Reportage: Wenn sich irgendwo in der Welt, im Großen oder im Kleinen, etwas ereignet, was das Interesse der Öffentlichkeit erwecken könnte, dann sind die Journalisten zur Stelle. Das sind die Leute, die für Zeitungen und Zeitschriften, für Rundfunk und Fernsehen arbeiten und die die Öffentlichkeit mit Nachrichten versorgen. Eine besondere Form der journalistischen Berichterstattung ist die Reportage. [...]
Die Reportage ist vor allem ein aktueller Bericht. Themen finden sich auf allen möglichen Schauplätzen; sie müssen nur interessant sein oder interessant gemacht werden. [...]
Was unterscheidet nun die Reportage von der einfachen Nachricht? Die Reportage ist nicht so streng und sachlich wie die Nachricht. Ihre Sprache ist zwangloser und lebhafter, die Darstellung erzählfreudiger und oft spannender. Vor allem lässt die Reportage auch etwas vom Temperament des Verfassers spüren, der ja als Augen- oder Ohrenzeuge unmittelbar vom Ort des Geschehens berichtet. So kann man die Reportage als eine Art Erlebnisbericht bezeichnen, denn sie enthält auch die persönlichen Eindrücke und Erlebnisse des Reporters, die er durch Befragen anderer Augenzeugen und durch Interviews noch erweitern und bereichern kann. So ist die Reportage in der Regel auch umfangreicher als die Nachricht. Das gilt für Presse, Rundfunk und Fernsehen. [...]

Jede Reportage enthält:

- die Darstellung eines Erlebnisses,
- die Hintergrundinformationen,
- einen Kommentar (der Reporter/die Reporterin gibt eine Einschätzung des Geschehens ab).

Kommentar: Kommentare dienen der Meinungsbildung. Der Verfasser/die Verfasserin gibt eine **wertende** Einschätzung ab, die einen ganz bestimmten Standpunkt deutlich werden lässt: z. B. ob „richtig“ gehandelt wurde; wer sich falsch oder fragwürdig verhalten hat und warum; was eigentlich besser werden müsste; was dafür verändert werden müsste u.a.m.

Seht euch daraufhin die erwähnten Nachrichtensendungen noch einmal sehr genau an!
So, und jetzt geht's ans Werk! Viel Spaß und viel Erfolg!

Arbeitsblatt 4

„John Maynard“ in der Presse

Wer von euch wagt sich daran, ein „Extrablatt“ herauszugeben, das bei dem Aufführungsabend nach den „Nachrichtensendungen“ durch Zeitungsjungen/-mädchen („Extrablatt! Extrablatt!“) verteilt werden kann? Während die Zuschauer das Extrablatt lesen, hat die sich anschließende „Vortragsgruppe“ mehr Zeit für den „Umbau“!
Bei der Gestaltung des Blattes könnt ihr auch hervorragend euren Computer einsetzen!
Hier einige Anregungen:

Zeitungen und Magazine werden von Teams zusammengestellt. Diese halten Redaktionskonferenzen ab, bei denen die **Adressaten** (diejenigen, an die sich die Zeitung bzw. das Magazin wenden soll), die **Themen** und die **Textsorten** (Bericht, Reportage, Interview, Kommentar) festgelegt werden. Bei der Umsetzung der Informationen in einen Text verwenden Journalisten oft einen speziellen **Aufbau:** Aufhänger, Schlagzeile, Vorspann mit den wichtigsten Informationen, Hauptteil mit Zwischenüberschriften, Kästen mit Fotos, Grafiken oder Zeichnungen.
Ist die inhaltliche Gestaltung eines Textes abgeschlossen, folgt das Layout (optische Gestaltung). In Redaktionen werden Seitenränder, Spaltenaufteilung, Schriftgröße, Schrifttyp und Zeilenabstände einheitlich festgelegt.
Also eine Aufgabe, die hervorragend mit dem Computer zu erledigen ist!!
In einem **Impressum** müssen Drucker und Verleger, bei einer im Selbstverlag herausgegebenen Veröffentlichung Verfasser und Herausgeber genannt werden.

Der langjährige BILD-Reporter Hans Schulte-Willekes beschreibt in seinem Jugendbuch die Arbeit bei der BILD-Zeitung. Hier Ausschnitte daraus:
Auf großen Papierbögen zeichnen die Layouter an vier Tischen die ersten Aufrisse. Mit dicken blauen Strichen malen sie ein, wo die Fotos hinkommen, wie groß die Überschriften werden, ‚platzieren‘ die Meldungen. Die Reporter sitzen vor der Schreibmaschine [heute sicher vor dem PC!], denken, rauchen ... es ist nicht einfach, eine Geschichte schnell in den Griff zu bekommen.
Zeitungen vermitteln dem Leser nicht nur ‚nackte‘ Informationen. Durch Stilmittel kann man die Informationen manipulieren, d. h. ihnen gewisse Stimmungen oder Urteile aufsetzen. Man kann sie nüchtern und ‚nachrichtlich‘ in Form von Meldungen schreiben, man kann sie auf ‚menschlich‘ trimmen, auf ‚Angst‘ abzielen oder im harten Reportage-Stil verfassen. Hier einige Stilproben zu einer ausgedachten Geschichte:

‚Nachrichtlich‘: „In der Nacht zum Freitag stießen bei Nebel auf der Nordsee zwei Tanker zusammen. Das eine Schiff fing Feuer, ein Matrose verbrannte. Aus dem anderen Tanker liefen zehn Tonnen Altöl aus.“

‚Menschlich‘: „Gestern Nacht kam bei einer Tankerkollision auf der Nordsee (zehn Tonnen Altöl flossen dabei ins Meer) der Matrose Frank Z. (28) grausam ums Leben. Der Matrose hatte an der Reling gestanden, als sich die Schiffe im Nebel rammten. Der blonde Junggeselle aus Cuxhaven wurde gegen die Kajütenwand geschmettert und brach sich die Beckenknochen. Dann auch noch Feuer in einem Tank. In der Panik hörte niemand die verzweifelten Hilferufe des Matrosen. Rettungsmannschaften fanden ihn erstickt auf. Frank Z. wollte in Hamburg für immer von Bord gehen, um seine Braut Manuela L. (22) zu heiraten.“

‚Angst machend‘: „Nach einer schrecklichen Tankerkatastrophe auf der Nordsee, bei der ein Matrose den Tod fand, wälzt sich seit gestern Nacht schmutziger, stinkender Ölschlamm auf die nordfriesische Küste zu. Tausende Liter Altöl sind bei der Kollision ins Meer geflossen. An der Küste ist Öl-Alarm gegeben worden. Viele Urlauber sind schon aus den Seebädern abgereist.“

‚Reportagehaft‘: „Als Tankerkapitän Hans Petersen gestern Nacht um 23.17 Uhr den grauen Schatten im Nebel sah, war es schon zu spät. Krachend und splitternd bohrten sich zwei Schiffsriesen auf der Nordsee ineinander. Feuer brach aus. Für den Matrosen Frank Z. (28) gab es keine Rettung mehr. Eine Stunde später: Öl-Alarm an der ganzen Nordseeküste…“

Arbeitsanregungen

1. Vergleicht die einzelnen Texte und weist nach, wie die jeweiligen Stimmungen zustande kommen. Was macht einen Text z. B. „menschlich“?

2. Überlegt, wie die Seite eines „Extrablattes“ zu „John Maynard“ aussehen könnte:
   - Welche Textsorten sollen verwendet werden?
   - Wollt ihr mit Zeichnungen veranschaulichen?
   - Sollen zusätzliche Informationen – z. B. die geografische Lage – angeboten werden?
   - Wie sollen Texte und Zeichnungen/Bilder angeordnet sein?
   - Wer übernimmt welche Aufgabe?
   - …

5. Der Totentanz/Text

Arbeitsanregungen

1. Achtung!!! Ballade noch nicht lesen!! Erst über folgende Frage nachdenken: Welche Vorstellung erzeugt bei euch die Überschrift **„Der Totentanz"?**
2. Lest nun die Ballade mehrmals laut vor und macht euch klar, was hier eigentlich geschieht **(kurze Inhaltsangabe).**
3. „Passt" das Bild zum Text?

Johann Wolfgang von Goethe

Der Totentanz

Der Türmer, der schaut zumitten der Nacht
hinab auf die Gräber in Lage;
der Mond, der hat alles ins Helle gebracht,
der Kirchhof, er liegt wie am Tage.
Da regt sich ein Grab und ein anderes dann:
Sie kommen hervor, ein Weib da, ein Mann,
in weißen und schleppenden Hemden.

Das reckt nun, es will sich ergetzen sogleich,
die Knöchel zur Runde, zum Kranze,
so arm und so jung, und so alt und so reich;
doch hindern die Schleppen am Tanze.
Und weil hier die Scham nun nicht weiter gebeut,
sie schütteln sich alle, da liegen zerstreut
die Hemdelein über den Hügeln.

Nun hebt sich der Schenkel, nun wackelt das Bein,
Gebärden da gibt es vertrackte;
dann klippert's und klappert's mitunter hinein,
als schlüg man die Hölzlein zum Takte.
Das kommt nun dem Türmer so lächerlich vor;
da raunt ihm der Schalk, der Versucher, ins Ohr:
„Geh! hole dir einen der Laken!"

Getan wie gedacht! und er flüchtet sich schnell
nun hinter geheiligte Türen.
Der Mond, und noch immer er scheinet so hell
zum Tanz, den sie schauderlich führen.
Doch endlich verlieret sich dieser und der,
schleicht eins nach dem andern gekleidet einher,
und husch! ist es unter dem Rasen.

Nur einer, der trippelt und stolpert zuletzt
und tappet und grapst an den Grüften;
doch hat kein Geselle so schwer ihn verletzt,
er wittert das Tuch in den Lüften.
Er rüttelt die Turmtür, sie schlägt ihn zurück,
geziert und gesegnet, dem Türmer zum Glück,
sie blinkt von metallenen Kreuzen.

Das Hemd muss er haben, da rastet er nicht,
da gilt auch kein langes Besinnen;
den gotischen Zierrat ergreift nun der Wicht
und klettert von Zinne zu Zinnen.
Nun ist's um den armen, den Türmer getan!
Es ruckt sich von Schnörkel zu Schnörkel hinan,
langbeinigen Spinnen vergleichbar.

Der Türmer erbleichet, der Türmer erbebt;
gern gäb er ihn wieder, den Laken.
Da häkelt – jetzt hat er am längsten gelebt –
den Zipfel ein eiserner Zacken.
Schon trübet der Mond sich, verschwindenden Scheins,
die Glocke, sie donnert ein mächtiges Eins,
und unten zerschellt das Gerippe.

Der Totentanz/Textarbeit

Arbeitsanregungen

1. Untersucht zunächst das **Reimschema.**

2. Erarbeitet auch zu dieser Ballade einen **wirkungsvollen Vortrag!** Mit diesem könntet ihr am Balladenabend in den **Programmpunkt „Der Totentanz“** einsteigen. – Aber wie soll der Vortrag wirken? Handelt es sich hier um ein besonders gruseliges Stück? Belegt am Text und kennzeichnet jeweils, wie die einzelnen Strophen, einzelnen Zeilen, einzelnen Worte gelesen werden müssen. Nehmt dazu die bereits bekannten Lesezeichen zu Hilfe; sicher müsst ihr noch neue entwickeln.

3. Diese Ballade bietet sich aber auch dazu an, auf der Bühne **dargestellt** zu werden. Es gibt zu dieser Ballade eine Vertonung von Goethes Zeitgenossen Karl Friedrich Zelter (1758–1832). Die Melodie dieses Liedes könnt ihr im Musikunterricht einstudieren. Bei der Aufführung kann eine Gruppe **das Lied singen,** eine andere **den Tanz aufführen,** und zwar in Kostümen (Bettlaken sowie schwarze Strumpfhosen und T-Shirts, auf die Skelettknochen gemalt sind); einzelne Schüler/Schülerinnen können den Liedvortrag oder den Sprechvortrag mit **Geräuschen** (z. B. Uhrenschlagen, Klappern der Skelette usw.) realistischer gestalten. **Hintergrundbilder** und das Verwenden von Requisiten (z. B. Turmuhr, Mond usw.) können die Aufführung noch eindrucksvoller in Szene setzen.
   Untersucht unter dieser Zielsetzung noch einmal die einzelnen Strophen auf Hinweise.

➜ Hintergrundbilder/Requisiten: . . . .

. . . .

. . . .

➜ Kostüme: . . . .

. . . .

. . . .

➜ Geräusche: . . . .

. . . .

. . . .

Im **Musikunterricht** werdet ihr das Lied von Zelter einstudieren und Möglichkeiten für die Darstellung von Geräuschen erarbeiten; für die Herstellung der Requisiten/Hintergrundbilder und eventuell der Kostüme erfahrt ihr im **Kunstunterricht** Unterstützung.
Zum **Dichter** der Ballade **(Goethe)** erfahrt ihr mehr im Zusammenhang mit der Bearbeitung der Ballade „Erlkönig“ (Arbeitsblatt Erlkönig/Der Dichter Goethe). Dort ist die Person Goethes – auch im Zusammenhang mit der geplanten Aufführung am Balladenabend – von größerer Bedeutung.

Der Totentanz/Musikalisierung

1. Ihr habt im Deutschunterricht schon einen wirkungsvollen Vortrag der Ballade erarbeitet. Versucht nun, eure Textausdeutung durch musikalische Elemente noch eindrucksvoller zu gestalten. Auch dazu habt ihr ja schon Vorarbeiten im Deutschunterricht geleistet/vgl. Arbeitsblatt 1/2. Denkt daran, dass zur Musikalisierung Geräusche jeder Art (z. B. Glockenschlagen, Windgeräusche usw.) gehören.

2. Haltet eure Ergebnisse in einer **Verlaufspartitur** fest (gegebenenfalls hilft euch eure Musiklehrerin/euer Musiklehrer beim Anlegen dieser Partitur).

Arbeitsblatt 2/2 für den Musikunterricht

Der Totentanz/Vertonung von Zelter

2. Das reckt nun, es will sich ergetzen sogleich,
die Knöchel zur Runde, zum Kranze,
so arm und so jung und so alt und so reich;
doch hindern die Schleppen am Tanze.
Und weil hier die Scham nun nicht weiter gebeut,
sie schütteln sich alle, da liegen zerstreut
die Hemdelein über den Hügeln.

3. Nun hebt sich der Schenkel, nun wackelt das Bein,
Gebärden da gibt es vertrackte;
dann klippert's und klappert's mitunter hinein,
als schlüg' man die Hölzlein zum Takte.
Das kommt nun dem Türmer so lächerlich vor;
da raunt ihm der Schalk, der Versucher, ins Ohr:
„Geh, hole dir einen der Laken!"

4. Getan wie gedacht! und er flüchtet sich schnell
nun hinter geheiligte Türen.
Der Mond, und noch immer er scheinet so hell
zum Tanz, den sie schauderlich führen.
Da endlich verlieret sich dieser und der,
schleicht eins nach dem andern gekleidet einher,
und husch! ist es unter dem Rasen.

5. Nur einer, der trippelt und stolpert zuletzt
und tappet und grapst an den Grüften;
doch hat kein Geselle so schwer ihn verletzt;
er wittert das Tuch in den Lüften.
Er rüttelt die Turmtür, sie schlägt ihn zurück,
geziert und gesegnet, dem Türmer zum Glück,
sie blinkt von metallenen Kreuzen.

6. Das Hemd muss er haben, da rastet er nicht,
da gilt auch kein langes Besinnen;
den gotischen Zierrat ergreift nun der Wicht
und klettert von Zinne zu Zinnen.
Nun ist's um den Armen, den Türmer getan!
Es ruckt sich von Schnörkel zu Schnörkel hinan,
langbeinigen Spinnen vergleichbar.

7. Der Türmer erbleichet, der Türmer erbebt,
gern gäb' er ihn wieder, den Laken.
Da häkelt – jetzt hat er am längsten gelebt –
den Zipfel ein eiserner Zacken.
Schon trübet der Mond sich verschwindenden Scheins,
die Glocke, sie donnert ein mächtiges Eins,
und unten zerschellt das Gerippe.

(Text: Johann Wolfgang von Goethe [1749–1832], Melodie: Karl Friedrich Zelter [1758–1832])

Mit dieser Melodie hat Karl Friedrich Zelter Goethes Text vertont.

- ➜ Erarbeitet mit eurem Lehrer/eurer Lehrerin zunächst die Melodie und singt sie.
- ➜ Beschreibt die charakteristischen Merkmale der Melodie.
- ➜ „Passt" die Melodie zum Text? Begründung!
- ➜ Könnte man nach ihr tanzen? Begründung!
- ➜ Legt fest, wie ihr am Aufführungsabend den „Totentanz" darbieten wollt. Ihr habt jetzt folgende Möglichkeiten: Sprechvortrag – musikalisierter Sprechvortrag – Liedvortrag – mit „euren" Geräuschen unterlegter Liedvortrag; **wozu** soll getanzt werden?

Der Totentanz/ Hintergrundbilder/Requisiten

Hintergrundbilder könnt ihr folgendermaßen anfertigen:

- Ihr könnt selbst Bilder zeichnen (zu dieser Ballade bieten sich Schwarz-Weiß-Zeichnungen an), diese auf eine DIN-A-Folie kopieren oder „einscannen“, diese Folie auf einen Overhead-Projektor legen und je nach Gebrauch auf die Hintergrundwand (weiß) werfen.
- Ihr könnt eure selbst angefertigten Bilder mit einem Diafilm fotografieren und dann diese Dias an die Wand projizieren.

Da bei diesem Programmpunkt das eigentliche Geschehen der Ballade von euch selbst dargestellt wird, benötigt ihr sicherlich nicht so viele Hintergrundbilder. Legt fest, was im Hintergrund zu sehen sein soll.

6. Erlkönig/Balladentext

Johann Wolfgang von Goethe

Erlkönig

Wer reitet so spät durch Nacht und Wind?
Es ist der Vater mit seinem Kind;
Er hat den Knaben wohl in dem Arm,
Er fasst ihn sicher, er hält ihn warm.

Mein Sohn, was birgst du so bang dein Gesicht? –
Siehst, Vater, du den Erlkönig nicht?
Den Erlenkönig mit Kron' und Schweif? –
Mein Sohn, es ist ein Nebelstreif. –

„Du liebes Kind, komm, geh mit mir!
Gar schöne Spiele spiel' ich mit dir;
Manch' bunte Blumen sind an dem Strand,
Meine Mutter hat manch gülden Gewand."

Mein Vater, mein Vater, und hörest du nicht,
Was Erlenkönig mir leise verspricht? –
Sei ruhig, bleibe ruhig, mein Kind!
In dürren Blättern säuselt der Wind. –

„Willst, feiner Knabe, du mit mir gehn?
Meine Töchter sollen dich warten schön;
Meine Töchter führen den nächtlichen Reihn,
Und wiegen und tanzen und singen dich ein." –

Mein Vater, mein Vater, und siehst du nicht dort
Erlkönigs Töchter am düstern Ort? –
Mein Sohn, mein Sohn, ich seh' es genau:
Es scheinen die alten Weiden so grau. –

Ernst Barlach, „Der Erlkönig".
(Zeichnung, Kohle über Kohlewischgrund, 1923/24; WVZ-Nr. III/1728;

„Ich liebe dich, mich reizt deine schöne Gestalt;
Und bist du nicht willig, so brauch' ich Gewalt." –
Mein Vater, mein Vater, jetzt fasst er mich an!
Erlkönig hat mir ein Leids getan! –

Dem Vater grauset's, er reitet geschwind,
Er hält in Armen das ächzende Kind,
Erreicht den Hof mit Müh und Not;
In seinen Armen das Kind war tot.

Arbeitsanregungen

1. Welche Stimmung vermittelt diese Ballade? Belegt am Text!
2. Beschreibt das Verhältnis zwischen Vater und Sohn. Zieht zur Begründung Textstellen heran.
3. Wovor ängstigt sich der Knabe eigentlich? Was meint ihr: woran stirbt er?
4. Von Strophe zu Strophe ist eine „Steigerung" festzustellen. Worin liegt diese begründet?
5. Wie viele „Sprecher" kommen zu Wort? Ordnet in jeder Strophe die einzelnen Verse einem „Sprecher" zu. Wodurch unterscheiden sich die Strophen 1 und 8 von den anderen?
6. Kennzeichnet mit passenden Adjektiven, **wie** die Personen sprechen. **Was** wollen sie erreichen?
7. Ihr könnt die Ballade mit **verteilten Rollen** lesen; wenn sie ein **einzelner Sprecher** vorträgt, werden an ihn besondere Anforderungen gestellt! Nehmt die „Lesezeichen" zur Hilfe.

Eine weitere Bearbeitung erfolgt im Musikunterricht!

Erlkönig/Der Dichter Goethe

Nutzt diese Seite als Informationsquelle für die Gestaltung des **Programmheftes** und für eine geplante **Talkrunde** (siehe Erlkönig/Vertonungen/Arbeitsblatt 2)!

Johann Wolfgang von Goethe

geb. am 28. 08. 1749 in Frankfurt a. M.
gest. am 22. 03. 1832 in Weimar

Dieser wohl bekannteste deutsche „Klassiker" entstammte einer Frankfurter Patrizierfamilie. Vor allem die Mutter war rührend um den einzigen ihr verbliebenen Sohn bemüht – zwei Brüder Johann Wolfgangs starben schon im Kindesalter. So wuchs denn der „Hätschelhans" wohlversorgt und behütet mit seiner Schwester Cornelia in Frankfurt auf. Frühe kulturelle Erfahrungen prägten den Knaben (z. B. erlebte er mit vierzehn Jahren ein Konzert des siebenjährigen Mozart). Er lernte Klavier spielen, Fechten und Reiten und begann schon als Schüler zu dichten. 1765 durfte er nach Leipzig, ins „Klein-Paris". Dort widmete er sich nicht nur juristischen Studien, sondern genoss auch das Studentenleben und machte seine ersten Liebeserfahrungen. Dem hübschen Käthchen Schönkopf widmete er galante Liebesgedichte. Als das Verhältnis auseinandergeht, nimmt ihn das sehr mit: Er kränkelt und braucht eineinhalb Jahre Erholung zu Hause in Frankfurt, bis er 1770 sein Studium in Straßburg fortsetzen kann. In Straßburg öffnet ihm der um sieben Jahre ältere Herder den Blick für die Literatur vergangener Zeiten und Völker, die „Urpoesie". [...]

In der Nähe, in Sesenheim, lebt die junge Pfarrerstochter Friederike Brion, für die er Gedichte voll tiefen Gefühls schreibt. Doch seine Entwicklung treibt ihn weiter: Nach bestandenem Examen kommen Anwaltsjahre in Frankfurt und Wetzlar. Diese Jahre sind Goethes eigentliche Geniezeit. Gedichte wie *Wanderers Sturmlied, Ganymed und Prometheus* entstehen. Das regellose, in kräftiger Sprache geschriebene historische Drama *Götz von Berlichingen* erscheint, und nach der Bekanntschaft mit Charlotte Buff in Wetzlar entsteht der Briefroman *Die Leiden des jungen Werthers.* [...]

Diese Werke machen Goethe mit einem Schlag berühmt. Auch der erste Entwurf des *Faust,* später *Urfaust* genannt, [...] gehört in diese Zeit. [...] Eine Wendemarke in seinem Leben sollte das Jahr 1775 werden, als ihn der Herzog Karl August von Sachsen-Weimar einlud, in seine Residenzstadt Weimar zu ziehen. Goethe sagte zu und blieb. [...] 1786/88 unternahm er eine große Italienreise, die ihn zu zahlreichen Gedichten und Dramen wie z. B. *Iphigenie auf Tauris* und *Wilhelm Meister* veranlasste. Nach der Rückkehr aus Italien begegnete er Christiane Vulpius, seiner Lebensgefährtin und späteren Frau.

Die „Weimarer Klassik" erreichte ihren Höhepunkt, als Goethe Friedrich Schiller kennenlernt, mit dem ihn ab 1794 eine enge, auch dichterisch fruchtbare Freundschaft verbindet. Nach Schillers Tod 1805 arbeitet Goethe erneut an seinem *Faust*-Drama; es gelingt ihm, den ersten Teil der Tragödie abzuschließen (1808). [...] Den zweiten Teil sollte er erst kurz vor seinem Tod vollenden. [...] Goethe arbeitete auch z. B. in der Botanik, der Zoologie und der Mineralogie. 1784 entdeckte er den Zwischenkieferknochen, und seine *Farbenlehre* ist bis heute grundlegend. Bis zuletzt tätig, starb Goethe 1832 in Weimar. Er ist in der Fürstengruft bestattet.

Erlkönig/Der Dichter Goethe

1779 wird für Goethe durch seine Zusammenarbeit mit Schiller zum großen Balladenjahr. Rückblickend stellt Goethe über seine klassischen Balladen 1830 in seinen *Gesprächen mit Eckermann* fest:
„Ich verdanke sie größtenteils Schiller, der mich dazu trieb, weil er immer etwas Neues für seine „Horen" brauchte. Ich hatte sie alle schon seit vielen Jahren im Kopf, sie beschäftigten meinen Geist als angenehme Bilder, als schöne Träume, die kamen und gingen, und womit die Fantasie mich spielend beglückte. Ich entschloss mich ungern dazu, diesen mir seit so lange befreundeten glänzenden Erscheinungen ein Lebewohl zu sagen, indem ich ihnen durch das ungenügende dürftige Wort einen Körper verlieh."

Goethes Ballade basiert auf der Kenntnis der Herder'schen Ballade *Erlkönigs Tochter.* Johann Gottfried Herder (1744–1803) benutzte die dänische Fassung, wobei ihm ein Übersetzungsfehler unterlief: Er verwechselte das dänische „elle" (elle(r)konge = Elfenkönig) mit „Erle".

Das Gedicht ist, wie vielfach nicht bekannt, eine Einlage zu Goethes Singspiel *Die Fischerin* von 1782. Die szenische Bemerkung des Autors am Beginn lautet: *„Unter hohen Erlen am Flusse stehen verstreute Fischerhütten, es ist Nacht und Stille. An einem kleinen Feuer sind Töpfe gesetzt, Netze und Fischergeräte ringsumher aufgestellt. Dortchen (beschäftigt, singt): Wer reitet so spät."*
Die Fischerin singt bei der Arbeit, halb mechanisch, das ihr längst vertraute Lied, etwa wie das Gretchen (in Goethes *Faust*) den ‚König von Thule' summt.
Der Erlkönig gehört also zu den Liedern, von denen Goethe schreibt, *„dass der Singende sie irgendwo auswendig gelernet und sie in ein oder der andern Situation anbringet. Diese können und müssen eigene, bestimmte und runde Melodien haben, die auffallen und jedermann leicht behält."* (aus einem Brief an Kayser vom Dezember 1779, zit. nach: Fischer-Dieskau, Auf den Spuren der Schubert-Lieder, dtv 1178, Deutscher Taschenbuch Verlag, München 1976, S. 65 f.)

Neben dem Erlkönig sind viele Gedichte Goethes vertont worden; es war dem Dichter aber immer ein besonderes Anliegen, dass die Melodie des Liedes die **Grundstimmung** seines Textes (z. B. fröhlich, traurig, unheimlich usw.) wiedergab und nicht alle Einzelheiten in den unterschiedlichen Strophen zu berücksichtigen versuchte.
Auch bei einer Vertonung sollte der Text immer Vorrang vor der Musik haben.

Erlkönig/Vertonungen

J. W. von Goethes Ballade „Erlkönig“ hat immer wieder die Fantasie von Komponisten und Malern angeregt.
Aus der großen Zahl der mehr als 50 Vertonungen sollt ihr innerhalb dieses Projektes drei interessante Fassungen kennenlernen und miteinander vergleichen, und zwar die Fassungen von
Johann Friedrich Reichardt (1752–1814; komponiert im Jahre 1794)
Franz Schubert (1797–1828; komponiert im Jahre 1815)
Carl Loewe (1796–1869; komponiert im Jahre 1817)

Wir schlagen euch für die Gestaltung des Balladenabends zu diesem Themenkomplex „Erlkönig“ eine **Talkrunde** vor, zu der ihr den Autor Goethe und die drei Komponisten als Gäste begrüßt. Damit eure Gesprächsrunde nicht in ein allgemeines Geschwätz ausartet, benötigt ihr fundiertes Wissen über die Personen und gesicherte Kenntnisse zum Erlkönig-Text und zu diesen drei Vertonungen. Dafür sind die folgenden Materialien gedacht; natürlich könnt ihr euch auch selbstständig weiteres Material suchen (Schulbücher, Bibliothek, Expertenbefragung, Internet).
Die **Talkrunde** könnte folgendermaßen ablaufen:

- Moderator stellt das **Thema** und die dazu eingeladenen **Gäste** (deren Stühle noch unbesetzt sind) vor.
- Die Gäste werden **einzeln** (Goethe erscheint als Erster, die Komponisten in der o. a. Reihenfolge) auf die Bühne gebeten und äußern sich in einer **ersten Gesprächsrunde** (im Zwiegespräch mit dem Moderator) zur ihrer **Biografie.**
- In der **zweiten Gesprächsrunde** (inzwischen sind ja alle Gäste anwesend) werden die Ballade und ihre Vertonungen thematisiert:
  - Zunächst trägt Herr Goethe (vielleicht in Originalkleidung – Theaterfundus) seinen Balladentext vor und liefert im anschließenden Gespräch mit dem Moderator Hintergrundinformationen zu „seinem Erlkönig“ (Entstehungsimpuls, Vorlagen, ...).
  - Die drei Komponisten äußern sich nacheinander im Gespräch mit dem Moderator zu ihrer Vertonung (Anreiz zur Vertonung, Art der Vertonung, ...). Natürlich muss das Publikum die Vertonungen hören, und zwar jeweils im Zusammenhang mit dem Gespräch Moderator – Komponist. Ob die Vertonung **vor oder nach** dem Gespräch zu Gehör gebracht wird, solltet ihr zusammen mit eurer Lehrerin/eurem Lehrer entscheiden. Für jede Verfahrensweise gibt es gute Gründe. Überlegt selbst, was für euer Publikum am hilfreichsten ist. Es ist auch möglich, **während** des Gespräches **Ausschnitte** der Vertonung zur Veranschaulichung des Gesagten vorzustellen (ein **Gesamtvortrag** darf natürlich nicht fehlen!). Wenn ihr eine(n) talentierte(n) Sängerin/Sänger oder Pianistin/Pianisten in „euren Reihen“, in eurer Schulgemeinde, eurer Verwandtschaft oder eurer Stadt usw. habt, könnten diese als „Live-Künstler“ auftreten! Sonst greift ihr auf die euch zur Verfügung stehenden Medien zurück.
- **Vor** der **dritten Gesprächsrunde** wird das Publikum durch den Moderator aufgefordert, eine Stimme für „die beste“ Vertonung abzugeben. Dazu sollen die Zuschauer/Zuhörer einen der drei farbigen „Stimmzettel“ hochhalten (für einen Komponisten jeweils eine bestimmte Farbe), die zu Beginn der Veranstaltung ausgegeben worden sind.
- **In** der **dritten Gesprächsrunde** erfährt das Publikum, welche Vertonung Goethe am besten gefällt und warum das so ist.

Talkrunde vorbereiten! Redemanuskript schreiben! Die Materialien geben viele Hinweise!

Erlkönig/Vertonungen/Reichardt

Johann Friedrich Reichardt

geb. 1752 in Königsberg
gest. 1814 in Giebichenstein (bei Halle/Saale)

Der im ostpreußischen Königsberg geborene und dort in ärmlichen Verhältnissen aufgewachsene Reichardt wurde mit 23 Jahren Hofkapellmeister König Friedrichs II. in Berlin. Viele Reisen in so bedeutende Städte wie London, Paris und Wien oder Kunstreisen nach Italien und vielfältige Begegnungen mit Dichtern und Komponisten machten ihn zu einer weltgewandten, bedeutenden Persönlichkeit im Musikleben seiner Zeit.

Seine Begeisterung für die Ideen der Französischen Revolution kostete ihn seine Stellung in Berlin. So wurde er Bergwerksdirektor einer Saline in Halle/Saale und Besitzer von Gut Giebichenstein, das sich zu einem Haus der künstlerischen Begegnung entwickelte.

Viele seiner etwa 1500 Lieder schrieb Reichardt zu Texten von Dichtern, die als seine Gäste auf seinem Gut verkehrten.

Reichardts Liedschaffen umfasst Volks- und Kinderlieder, Balladen, Oden und Deklamationsstücke. Obwohl er Texte von weit mehr als 100 Dichtern vertont hat, standen ihm Texte von keinem so nahe wie die von Goethe.

Für Reichardt war es wichtig, dass sich seine Kompositionen sehr eng an der Dichtung bewegten, d. h. seine Musik sollte eigentlich nur verstärken, was ohnehin im Text steckte. Das bedeutete, er komponierte in der Regel

- Strophenlieder, die die Grundstimmung des Gedichts zu treffen versuchten (im Gegensatz zum durchkomponierten Lied, das darüber hinaus viele Einzelheiten und Stimmungswechsel durch verschiedene Melodien darzustellen versucht); der Sängerin/dem Sänger sollte es überlassen bleiben, durch die Art des Vortrags für den jeweils verschiedenen Ausdruck zu sorgen;
- einfache Melodien, die selbst ungeübte Sänger vortragen konnten;
- eine Klavierbegleitung, die die Sänger stützte, aber sich nicht verselbstständigte.

Erlkönig/Notentext/Reichardt

Sehr lebhaft und schauerlich

(Text: Johann Wolfgang von Goethe [1749–1832],
Melodie: Johann Friedrich Reichardt [1752–1814])

45
Manch bun - te Blumen sind an dem Strand, meine Mut - ter hat manch gül-den Ge - wand."
p
50
55
Mein Va-ter, mein Va-ter! und hörest du nicht, was Er - len - kö-nig mir lei - se ver -
c. 8va
f
60
spricht? Sei ru - hig, blei - be ru-hig, mein Kind, in dür - ren Blät-tern säuselt der Wind.
pp
65
70
„Willst, fei - ner Kna-be, du mit mir gehn? meine Töch-ter sol-len dich war - ten schön, meine
75
80
Töch - ter füh-ren den nächt-li-chen Reih'n, und wiegen und tanzen und sin-gen dich ein."

Mein Va-ter, mein Va-ter! und siehst du nicht dort Erl - kö - nigs Töchter am dü-stern Ort?
Mein Sohn, mein Sohn, ich seh' es ge - nau; es scheinen die al - ten Wei-den so grau.
„Ich lieb dich, mich reizt deine schö-ne Ge-stalt; und bist du nicht wil-lig, so brauch ich Ge-walt!“
Mein Va-ter, mein Va-ter, jetzt fasst er mich an! Erl - kö - nig hat mir ein Leids ge - tan!
Dem Va - ter grauset's, er rei-tet ge-schwind, er hält in Armen das äch-zen-de Kind,
er - reicht den Hof mit Mü-he und Not: in sei - nen Armen das Kind war tot.

Erlkönig/Vertonungen/Reichardt

Arbeitsanregungen

1. Lest die 1. Strophe der Ballade und markiert die zu betonenden Wörter.

2. Stellt die 1. Strophe zeilenweise in Notenwerten dar (denkt auch an die Betonungszeichen), zieht Taktstriche und bestimmt die Taktart.

3. Hört Reichardts Vertonung, lest dabei den Balladentext mit und bestimmt, wie viele verschiedene Melodien der Komponist verwendet.

4. Prüft eure Ergebnisse zu Aufg. 3 jetzt am Notentext.

5. Vergleicht eure Lösungen zu Aufg. 2 ebenfalls mit dem Notentext.

6. Vergleicht mithilfe des Notentextes und vom Hören her die Klavierbegleitung der 1. Strophe mit der 3. Strophe. Vielleicht kann schon einer von euch die beiden Teile vorspielen, sonst hilft euch eure Musiklehrerin/euer Musiklehrer.
   - Was stellt ihr fest?
   - Warum hat Reichardt das wohl so gemacht? Versucht, seine Gedanken zu lesen.

7. Da Reichardt selbst als Schriftsteller tätig war, hat er sich auch häufiger dazu geäußert, wie er sich Liedkompositionen vorstellt.
   So schrieb er z. B. 1797:
   „Das Lied soll der einfache und fassliche musikalische Ausdruck einer bestimmten Empfindung sein, damit es auch die Teilnahme einer jeden zum natürlichen Gesange fähigen Stimme gestattet; als ein leicht übersehbares kleines Kunstwerk muss es umso notwendiger ein korrektes Ganzes sein, dessen eigentlicher Wert in der Einheit des Gesanges besteht und dessen Instrumentalbegleitung, wo nicht entbehrlich, doch nur Stützung des Gesanges sein soll.“ (Walter Salmen: Johann Friedrich Reichardt, Atlantis, Freiburg 1963)

   Übersetzt Reichardts Worte in unsere heutige Sprache und prüft, inwieweit seine Aussagen auf den „Erlkönig“ zutreffen.

Erlkönig/Vertonungen/Schubert

Franz Schubert

geb. 1797 in Lichtenthal bei Wien
gest. 1828 in Wien

Franz Schubert wurde 1797 in Lichtenthal, einer Wiener Vorstadt, als Sohn eines Lehrers geboren. Die außergewöhnliche musikalische Begabung des kleinen Franz wurde zwar schon früh im Elternhaus erkannt, aber leider nicht so gefördert, wie dies z. B. bei Mozart und Beethoven geschehen ist. Schuberts Lehrer waren sein Vater und ein älterer Bruder, vieles aber musste er sich auch selbst aneignen. Erst im Alter von 11 Jahren (1808) sollte sich das ändern, denn Schubert wurde Chorsänger in der Wiener Hofkapelle und damit Internatsschüler im Stadtkonvikt. Fünf Jahre lang bekam Schubert eine gründliche gymnasiale und musikalische Ausbildung. Nach dem Stimmbruch musste er den Chor und sehr bald auch die Schule verlassen, denn er beschäftigte sich mit nichts anderem mehr als mit Musik – und darunter litten natürlich die Leistungen in anderen Fächern, besonders in Mathematik.

Auf Wunsch des Vaters besuchte Schubert 1813 eine Lehrerbildungsanstalt und bestand dort nach einem Jahr mehr schlecht als recht das Lehrerexamen. Nun wurde er mit 16 Jahren Hilfslehrer bei seinem Vater und brachte vornehmlich den Erstklässlern Lesen und Schreiben bei. Mit 18 Jahren gab er, sehr zum Unwillen seines Vaters, den ungeliebten Beruf auf, um sich als unabhängiger Musiker in Wien ganz dem Komponieren widmen zu können. Überall findet Schubert Liebhaber für seine Kunst, aber in der großen Öffentlichkeit bleibt seine Musik ohne Resonanz. Folglich sind seine Einnahmen so gering, dass er sich immer wieder um eine gesicherte Anstellung bemüht, zuletzt 1826 um die Stelle des stellvertretenden Hofkapellmeisters.

Schubert blieb zeitlebens unverheiratet, aber er war immer von einer großen Zahl von Freunden (Musikern, Malern, Schriftstellern und an Kunst interessierten Menschen) umgeben, die ihn künstlerisch anregten, ihn unterstützten und ihm, dem etwas Schüchternen und zuweilen Lebensfremden, halfen, den Alltag zu meistern.

Schubert starb 1828 mit nur 31 Jahren an den Folgen einer Typhusinfektion; er wurde in Wien begraben. In dieser Stadt verbrachte er nahezu sein ganzes Leben. Über die Grenzen Österreichs kam er nie hinaus. Sein hinterlassenes Werk (Lieder, Sinfonien, Orchesterwerke, Klaviermusik, Kammermusik, Opern, weltliche Chorwerke und Kirchenmusik) umfasst rund 1000 Kompositionen und davon etwa 600 Lieder, die er häufig für seine Sängerfreunde Vogl und von Schönstein schrieb.

Schon den jungen Schubert reizte es sehr, Dichtung – und ganz besonders die des von ihm verehrten Goethe – in Musik umzusetzen. Wie bei vielen Komponisten regten Gedichte seine Fantasie an, die durch das Wort vermittelten Gefühle, Bilder und Stimmungen musikalisch „nachzudichten". Da Balladen zusätzlich noch Handlung (oft im Bereich des Fantastischen) darstellten und sie der Auffassungs- und Gestaltungskraft des jungen Schubert sehr entgegenkamen, hat er sich zum Beginn seines Liedschaffens intensiv mit dieser Gedichtart auseinandergesetzt. Über die Entstehung des Erlkönigs im Jahre 1815 berichtet uns Schuberts Jugendfreund Josef von Spaun, der den damals 18-Jährigen mit einem weiteren Freund, dem Dichter Mayrhofer, besuchte: „[...] *Wir fanden Schubert ganz glühend, den Erlkönig aus einem Buch laut lesend. Er ging mehrmals mit dem Buch auf und ab, plötzlich setzte er sich, und in kürzester Zeit stand die herrliche Ballade nun auf dem Papier. Wir liefen damit, da Schubert kein Klavier besaß, [...] in das Konvikt, dort wurde der Erlkönig noch denselben Abend gesungen und mit Begeisterung aufgenommen. Der alte Ruziczka [der Musiklehrer des Konvikts] spielte das Lied dann selbst, ohne Gesang, in allen Teilen aufmerksam durch und war tief bewegt über die Komposition. Als einige dort eine mehrmals wiederkehrende Dissonanz ausstellen wollten, erklärte Ruziczka, sie auf dem Klavier anklingend, wie sie hier notwendig dem Text entspreche, wie sie vielmals schön sei und wie glücklich sie sich löse. [...]*" (Aus: Fischer-Dieskau, Auf den Spuren der Schubert-Lieder, dtv 1178, Deutscher Taschenbuch Verlag, München 1976, S. 65)

Während Schubert Liedentwürfe häufig mehrfach überarbeitete, bis er die endgültige Fassung fand, komponierte er den „Erlkönig" in nur vier Stunden.
Ein Jahr später (1816) schickte von Spaun in Schuberts Namen eine Sammlung von 24 Goethe-Vertonungen an den Dichter in Weimar. In einem beigelegten Brief an Seine Exzellenz bat Schubert Goethe darum, ihm den „Erlkönig" widmen zu dürfen. Voller Ungeduld wartete er auf eine Antwort – doch sie kam nicht. Der Verehrung Schuberts für Goethe tat das aber keinen Abbruch.

Erlkönig/Notentext/Schubert

(Text: Johann Wolfgang von Goethe [1749–1832],
Melodie: Franz Schubert [1797–1828])

30
wohl in dem Arm, er fasst ihn si-cher, er
35
hält ihn warm.
f
pp
Mein Sohn, was birgst du so bang dein Ge-
cresc.
40
sicht? Siehst, Va - - ter, du den
f
(pp)
45
Erl - kö-nig nicht? den Er - - len -
mf
p

50
kö - nig mit Kron' und Schweif? Mein Sohn, es
mf
55
ist ein Ne - belstreif.
decresc.
„Du
lie - - bes Kind, komm,
60
geh mit
pp
mir! gar schö - - ne Spie - le
3
spiel' ich mit
65
dir; manch bun - - te

Blu - - men sind an dem Strand, mei-ne
70
Mut - - ter hat manch gül - - - den Ge - wand.“ Mein
f
75
Va - ter, mein Va - ter, und hö - rest du nicht, was
p
80
Er - len - kö - nig mir lei - se ver - spricht? Sei
decresc.
ru - hig, blei - be ru - hig, mein Kind: in dür - ren Blät - tern säu - selt der

85
Wind. „Willst, fei - ner_ Kna - be, du mit mir gehn? mei-ne
ppp
Töch - ter sol - len dich war - ten schön; mei-ne Töch - ter_ füh - ren den
90
nächt - li-chen Reih'n und wie - gen und tan - zen und sin - gen dich ein, sie
95
wie - gen und tan - zen und sin - gen dich ein." Mein Va - ter, mein
f
Va - ter, und siehst du nicht dort Erl - kö - nigs Töch-ter am
100

105
dü - stern Ort? Mein Sohn, mein
decresc.
110
Sohn, ich seh' es ge - nau, es schei-nen die al - ten
cresc.
Wei - den so grau.
ff
115
„Ioh lie - be dich, mich reizt dei-ne schö - ne Ge-
p
pp
120
stalt, und bist du nicht wil - lig, so brauch ich Ge-

125
walt." Mein Va - ter, mein Va - ter, jetzt fasst er mich
fff
an! Erl - kö - nig hat mir ein Leids ge -
130
sf sf sf sf sf sf
135
accelerando
tan! Dem Va - ter grau - set's, er rei - tet ge -
f
cresc.
schwind, er hält in Ar - men das äch - zen - de
140
Kind, er - reicht den Hof mit Müh' und
ff
sf sf

145
Recit.
Not;
in seinen Ar-men das Kind
war tot.
Andante
fp
pp
p
f

Erlkönig/Vertonungen/Schubert

Arbeitsanregungen

1. Hört den „Erlkönig" von Schubert und nennt zunächst spontan Unterschiede zur Vertonung von Reichardt (sammelt eure „statements" auf einer Folie).

Beschäftigt euch jetzt genauer mit Schuberts Vertonung. Dafür benötigt ihr den Notentext (Klavierauszug) und es ist auch nötig, einzelne Stellen mehrmals zu hören.

2. Untersucht alle Melodieteile, die Vater oder Sohn singen. Was fällt euch auf?

3. Ihr habt im Deutschunterricht gelernt, dass im Verlauf der Ballade die Angst des Kindes immer größer wird. Wie hat Schubert das mit seiner Musik deutlich gemacht?

4. Was hat sich Schubert musikalisch für die Person des Erlkönigs (lockend/drohend) einfallen lassen?

5. Bevor der Sänger mit seinem Textvortrag beginnt, spielt nur das Klavier. Wie nennt man einen solchen Teil und warum hat Schubert ihn überhaupt komponiert?

6. Vom Takt 132 an (8. Strophe) baut Schubert eine große Schlusssteigerung auf. Mit welchen Mitteln erreicht er das? Wie schließt Schubert die Komposition? Beschreibt das Notenbild und überlegt euch, warum der Schluss wohl so vertont worden ist (hilft euch vielleicht der Balladentext?).

7. **Und nun zurück zu Aufgabe 1:** Vergleicht eure spontanen „statements" mit den Ergebnissen eurer genauen Analyse (Aufgabe 2–7) und gebt eine endgültige Antwort auf die Frage nach den Unterschieden der beiden Vertonungen.

Erlkönig/Vertonungen/Loewe

Verwendet die Informationen zur **Gestaltung des Programmheftes** und für die vorgeschlagene **Talkrunde.**

Carl Loewe

geb. 1796 in Löbejün (bei Halle)
gest. 1869 in Kiel

Carl Loewe wurde im November des Jahres 1796 in der Nähe von Halle (Sachsen) in Löbejün als jüngstes von zwölf Kindern des Kantors Loewe geboren, der ihm schon sehr früh Klavier- und Gesangsunterricht erteilte. Mit elf Jahren (1807) wurde der kleine Carl als Sänger in den Schulchor der Stadt Köthen aufgenommen und durfte dafür kostenlos die Schule besuchen. Ab 1809 besuchte er dann die Lateinschule in Halle und hier unterrichtete ihn u. a. der bekannte Musiker Daniel Gottlob Türk, der aber schon 1814 starb. Durch seine Gesangslehrer und die ständige Singpraxis in der Schulkantorei und im Stadtsingechor entwickelte sich Loewe zu einem hervorragenden Tenorsänger. Zu seinen musikalischen Förderern gehörte auch der Komponist Reichardt.

Im Jahre 1817 nahm der inzwischen 21-Jährige an der Universität Halle das Studium der Theologie auf – damals das „billigste" Studienfach. Etwa in dieser Zeit lernte er auch den bedeutenden Komponisten Carl Maria von Weber kennen.

Im Januar des Jahres 1820 wurde Loewe Musiklehrer am Stadt-Gymnasium in Stettin. Zu seinen Pflichten gehörte aber zunächst das Unterrichten der Fächer Griechisch, Geschichte und Naturwissenschaften. Während des Jahres besuchte er Goethe in Weimar und gegen Ende des Jahres betraute man ihn auch noch mit dem Kantoren- und Organistenamt in Stettin.

1821 folgte dann die Ernennung zum Musikdirektor der Stadt. Trotz der Fülle der Ämter blieb Loewe immer noch Zeit für zahlreiche Konzertreisen, die den mit einer herrlichen Tenorstimme ausgestatteten Balladensänger u. a. nach Wien und London, nach Frankreich und Norwegen führten und auf denen er begeistert gefeiert wurde.

Als Dirigent engagierte sich Loewe für die Aufführung älterer Werke wie z. B. die Matthäus- und Johannespassion von Bach. Manchmal integrierte er in historische Konzerte auch Vorträge, um dem Publikum die Musik näherzubringen.

1832 ernannte ihn die Universität Greifswald zum Ehrendoktor der Philosophie und 1837 wurde er Mitglied der Berliner Akademie der Künste. 46 Jahre lang wirkte Loewe beruflich und künstlerisch sehr erfolgreich in Stettin, bis ihn ein Schlaganfall im Jahre 1866 zwang, um seine Entlassung aus allen Ämtern zu bitten. Die letzten drei Jahre seines Lebens verbrachte er bei Tochter und Schwiegersohn in Kiel. Dort starb er im April des Jahres 1869.

Loewe komponierte Opern (von denen nur eine aufgeführt wurde), Oratorien, Kantaten, Motetten, Symphonien, Klaviermusik und Balladen. Seine besondere Bedeutung liegt in seinen Gesangswerken, besonders in den Balladenvertonungen für eine Singstimme mit Klavierbegleitung, wie z. B. dem „Erlkönig", den er 1817/1818 vertonte. Loewe komponierte viele Balladen, deren Form auf der Grundlage einer Gliederung nach Strophen fußt, auf der sich ein Hauptmotiv breit entfaltet und die auf einzelne charakteristische Details eingeht. Die Klavierbegleitung der Singstimme gestaltete Loewe sehr unterschiedlich, von der einfachen Form der harmonischen Stütze bis zu einem klangprächtigen Klaviersatz.

Erlkönig/Notentext/Loewe

(Text: Johann Wolfgang von Goethe [1749–1832],
Melodie: Carl Loewe [1796–1869])

mf
warm. „Mein
mf tenuto
15
Sohn, was birgst du so bang dein Ge - sicht?“
pp
„Siehst, Va - ter, du den
p
20
mf
Erl - kö - nig nicht? den Er - len - kö - nig mit Kron' und Schweif?“ „Mein
Sohn, das ist ein Ne - bel - streif,
mf
p
25
das ist ein Ne - bel streif!“
rit.
p

heimlich flüsternd und lockend
„Komm, lie - bes Kind, komm,
trem.
pp una corda
30
geh' mit mir, gar schö - ne Spie - le spiel' ich mit dir, manch
bun - te Blu-men sind an dem Strand, meine Mut - ter hat manch gül-den Ge -
35
p
wand."
„Mein Va - ter, mein Va - ter, und hö-rest du
a tempo
p tre corde
40
mf
nicht, was Er - len-kö-nig mir lei - se ver-spricht?"
„Sei ru - hig,
mf

blei - be ru - hig, mein Kind, in dür - ren Blät - tern säu-selt der
45
p
Wind, in dür - ren Blät - tern säu-selt der Wind.“
p
sotto voce
„Willst,
trem.
pp una corda
50
fei - ner Kna - be, du mit mir gehn? Mei-ne Töch-ter sol - len dich
55
war - ten schön, mei-ne Töch-ter füh - ren den nächt-lichen Reih'n und

p
wie - gen und tan - zen und sin - gen dich ein.“ „Mein
tre corde
p
60
Va - ter, mein Va - ter, und siehst du nicht dort Erl - kö - nigs Töch - ter am dü - ste - ren
mf
Ort?“ „Mein Sohn, mein Sohn, ich seh’ es ge - nau, es scheinen die
mf
65
p
al - ten Wei - den so grau, es schei - nen die al - ten Wei - den so
p
70
grau.“ „Ich
pp una corda
Ped.

lieb dich, mich reizt deine schö-ne Gestalt, und bist du nicht willig, so brauch ich Ge-
Ped.
Ped.
75
walt.“ „Mein Va-ter, mein Va-ter, jetzt fasst er mich an, Erl-kö-nig
tre corde
hat mir ein Leid's ge-tan, Erl-kö-nig hat mir ein Leid's ge-
80
tan.“ Dem Va-ter grau-set's, er rei-tet ge-
schwind, erhält in den Ar-men das äch-zende Kind, erreicht den
85

cresc.
Hof mit Mü-he und Not; in sei - nen
cresc.
90
pp
fp
Ar - men das Kind war tot.
ff
p
pp
pp
Ped.

Erlkönig/Vertonungen/Loewe

Arbeitsanregungen

1. Arbeitet in Gruppen:

Gruppe A: Untersucht, wie Loewe die Angst des Sohnes und die jeweilige Reaktion des Vaters vertont hat.

Gruppe B: Arbeitet heraus, wie Loewe die Verlockungen des Erlkönigs und dessen Drohung musikalisch darstellt.

Gruppe C: Beschreibt den Anfang (T 1–T 7) und den Schluss (T 87 mit Auftakt H) der Komposition.

2. Jetzt könnt ihr die drei Kompositionen unter bestimmten Fragestellungen miteinander vergleichen. Vervollständigt das Arbeitsblatt auf der folgenden Seite.

Erlkönig/Vertonungen/ Zusammenfassung

	Reichardt	Schubert	Loewe
Vorspiel		15-taktiges Vorspiel, ausdrucksstarke Motive (z. B. Reiten)	
Zwischenspiel			
Nachspiel			
Liedtypus			
Klavierbegleitung			
Charakterisierung der einzelnen Personen		**Vater:** tiefe Tonlage → wirkt ruhig, sicher **Sohn:** hohe Tonlage → wirkt ängstlich, immer höhere Tonlage → Angst nimmt zu **Erlkönig:** liedhafte Melodie → tänzerisch, verlockend	

Erlkönig/Hintergrundbilder

Musikalische Grafik – Jugendarbeit – gemalt nach Schuberts Musik

Zeichnung von Moritz von Schwind

Titelblatt zu Schuberts „Erlkönig“ (Diabelli, Wien 1821)

Zeichnung von Ernst Barlach (© Ernst und Hans Barlach GBR Lizenzverwaltung, Ratzeburg)

Zeichnung zu Goethes „Erlkönig“ aus einem Lesebuch des 19. Jahrhunderts

Zur Anfertigung von Hintergrundbildern siehe Seite 58.

7. Der Zauberlehrling/Balladentext

Johann Wolfgang von Goethe

Der Zauberlehrling

Hat der alte Hexenmeister
Sich doch einmal wegbegeben!
Und nun sollen seine Geister
Auch nach meinem Willen leben!
Seine Wort und Werke
Merkt ich und den Brauch,
Und mit Geistesstärke
Tu ich Wunder auch.

Walle! walle
Manche Strecke,
Dass zum Zwecke
Wasser fließe,
Und mit reichem, vollem Schwalle
Zu dem Bade sich ergieße!

Und nun komm, du alter Besen!
Nimm die schlechten Lumpenhüllen!
Bist schon lange Knecht gewesen;
Nun erfülle meinen Willen!
Auf zwei Beinen stehe,
Oben sei ein Kopf,
Eile nun und gehe
Mit dem Wassertopf!

Walle! walle
Manche Strecke,
Dass zum Zwecke
Wasser fließe,
Und mit reichem, vollem Schwalle
Zu dem Bade sich ergieße!

Seht, er läuft zum Ufer nieder;
Wahrlich! ist schon an dem Flusse,
Und mit Blitzesschnelle wieder
Ist er hier mit raschem Gusse.

Schon zum zweiten Male!
Wie das Becken schwillt!
Wie sich jede Schale
Voll mit Wasser füllt!

Stehe! stehe!
Denn wir haben
Deiner Gaben
Voll gemessen! –
Ach, ich merk es! Wehe! wehe!
Hab ich doch das Wort vergessen!

Ach, das Wort, worauf am Ende
Er das wird, was er gewesen.
Ach, er läuft und bringt behände!
Wärst du doch der alte Besen!
Immer neue Güsse
Bringt er schnell herein
Ach! und hundert Flüsse
Stürzen auf mich ein.

Nein, nicht länger
Kann ich's lassen;
Will ihn fassen.
Das ist Tücke!
Ach! nun wird mir immer bänger!
Welche Miene! welche Blicke!

O, du Ausgeburt der Hölle!
Soll das ganze Haus ersaufen?
Seh ich über jede Schwelle
Doch schon Wasserströme laufen.
Ein verruchter Besen,
Der nicht hören will!
Stock, der du gewesen,
Steh doch wieder still!

Willst's am Ende
Gar nicht lassen?
Will dich fassen,
Will dich halten,
Und das alte Holz behände
Mit dem scharfen Beile spalten.

Seht, da kommt er schleppend wieder!
Wie ich mich nun auf dich werfe.
Gleich, o Kobold, liegst du nieder;
Krachend trifft die glatte Schärfe!
Wahrlich! brav getroffen!
Seht, er ist entzwei!
Und nun kann ich hoffen,
Und ich atme frei!

Wehe! wehe!
Beide Teile
Stehn in Eile
Schon als Knechte
Völlig fertig in die Höhe!
Helft mir, ach! ihr hohen Mächte!

Und sie laufen! Nass und nässer
Wird's im Saal und auf den Stufen.
Welch entsetzliches Gewässer!
Herr und Meister! hör mich rufen! –
Ach, da kommt der Meister!
Herr, die Not ist groß!
Die ich rief, die Geister,
Werd ich nun nicht los.

„In die Ecke,
Besen! Besen!
Seid's gewesen!
Denn als Geister
Ruft euch nur zu seinem Zwecke
Erst hervor der alte Meister."

Arbeitsanregungen

1. Worum geht es inhaltlich? Fasst zunächst das Geschehen in Sinnabschnitten zusammen und verseht sie mit Überschriften.

2. Kennzeichnet das Verhältnis zwischen dem Meister und dem Lehrling. Untersucht daraufhin die einzelnen Strophen!

3. Wie beurteilt ihr den Lehrling? Belegt am Text!

4. Diese Ballade eignet sich besonders gut für einen Vortrag: Erarbeitet nach unserem bewährten Verfahren diesen Vortrag und achtet hier besonders auf Betonungen, Pausen, Sprechtempo, Stimmungen usw. (Balladenabend!).

5. Fertigt einen Text für ein Interview mit dem Meister an, der sich über seinen Lehrling/über heutige Auzubildende allgemein äußert. Ein Interview mit dem Zauberlehrling selbst könnte auch recht interessant sein! Diese Interviews könnt ihr als Beiträge am Balladenabend „senden" (als Fernsehbeitrag) oder aufführen.

6. Diese Ballade hat Lutz Görner, ein bekannter Rezitator, auf ganz besondere Weise gesprochen („Goethe für alle", ISBN 3-8025-4010-7): Setzt euch mit seinem Vortrag auseinander und nehmt Stellung. Vielleicht spielt ihr ihn auch an eurem Balladenabend vor! Diesen Beitrag könnt ihr durch eine pantomimische Darstellung des Zauberlehrlings ergänzen!

Der Zauberlehrling/Vertonung/ Dukas

Paul Dukas

geb. 1865 in Paris
gest. 1935 in Paris

Im Jahre 1887 dirigierte Paul Dukas die Uraufführung seiner Komposition „Der Zauberlehrling“ – einer Sinfonischen Dichtung nach den Worten von J. W. von Goethe. „Der Zauberlehrling“, Dukas’ bedeutendstes Werk, ist bis heute ein Welterfolg. Dukas hat einzelnen Personen, Dingen und Ereignissen Melodien zugeordnet, die sie charakterisieren. Diese Melodien bezeichnet man als Leitmotive bzw. Leitthemen.

Euer Musiklehrer/eure Musiklehrerin stellt euch vier Hörbeispiele vor, die am Anfang der Komposition – der Einleitung – erklingen und Folgendes darstellen sollen: Wasser, Besen, Lehrling, Zauberspruch des Lehrlings.

➜ Versucht zunächst, allein vom Hören her, eine begründete Zuordnung vorzunehmen. Achtet dabei z. B. auf auffällige melodische oder rhythmische Merkmale, auf die Tonlage, die Lautstärke und die Instrumentation.

➜ Ordnet jetzt vier der acht „Notenschnipsel“, die ihr von eurem Musiklehrer/eurer Musiklehrerin bekommt, den Hörbeispielen zu, klebt sie unten an den für sie vorgesehenen Stellen ein und fügt eine schriftliche Beschreibung (in Stichworten) an.

Wasser:

Besen:
(Motiv)

Lehrling:
(Motiv)

Zauberspruch:
(Lehrling)

Der Zauberlehrling/Vertonung/ Dukas

Nachdem Dukas den Hörer in der Einleitung mit diesen Melodien bekanntgemacht hat, setzt der Hauptteil des Stückes ein, in dem die Auseinandersetzung der beiden Gegenspieler **Besen und Lehrling** eine wesentliche Rolle spielt.

→ Lasst euch die Melodien zu den auf diesem Arbeitsblatt angeführten Begriffen vorspielen und ordnet die vier verbliebenen „Notenschnipsel" an den vorgesehenen Stellen ein. Wie haben sich „Besen- und Lehrlingsmotiv" verändert?

→ Fasst schriftlich zusammen, worin sich die Themen voneinander unterscheiden und woran ihr sie im Verlauf des Stückes gut erkennen könnt.

→ Lasst euch von eurem Lehrer/eurer Lehrerin das gesamte Stück in Abschnitten vorspielen und erzählt, was jeweils gerade passiert.

Besen:

Lehrling:

„Schläge mit dem Beil":

Zauberspruch:

(Meister)

Der Zauberlehrling/Vertonung/ Dukas

Vorschlag für den „Aufführungsabend“

Als Beitrag für euren Aufführungsabend schlagen wir euch eine **„Erzählung mit Musik“** vor. Der **Ablauf am Abend** könnte folgendermaßen aussehen:
Jemand von euch gibt auf der Bühne (vor dem geschlossenen Vorhang) zunächst eine kurze **Einführung in die Komposition** von Paul Dukas. Dabei muss deutlich werden, dass Dukas mit seiner Vertonung dem Zuhörer ein Geschehen rein instrumental vermittelt. Er verzichtet also auf Worte und stellt die Handlung nur mit Hilfe von Motiven und Themen, die sich situationsabhängig verändern (z. B.: Lautstärke, Instrumentation usw.), dar. Zur Veranschaulichung könnt ihr die Beispiele von Arbeitsblatt 2/1 vorspielen.
Anschließend öffnet sich der Vorhang und zu sehen ist ein „Erzähler“, in einem alten Sessel (Ohrensessel) sitzend, der aus einem großen Buch den „Zauberlehrling“ als **Erzählung** vorträgt.
Sie könnte beispielsweise so beginnen:
Vor langer, langer Zeit lebte im finstersten Dickicht des Waldes ein alter Hexenmeister. Eines Tages war er ausgegangen und sein Lehrling befand sich allein zu Hause ...

Diese **Erzählung** soll aber **verbunden** werden **mit der Musik von Dukas** und muss darum so angelegt sein, dass an möglichst vielen Stellen Klangbeispiele erklingen können.

Falls ihr einen guten **„Pantomimen“** in eurer Klasse habt, kann dieser den Zauberlehrling darstellen und durch Mimik, Gestik und Körperhaltung deutlich machen, in welcher jeweiligen Situation und Verfassung sich der Zauberlehrling befindet.

Ihr müsst also folgende Vorarbeiten leisten:
Gruppe 1: Schreibt eine Einführung zur Vertonung von Paul Dukas.
Gruppe 2: Schreibt die Ballade in eine Erzählung um.
Gruppe 3: Stellt passend zur Einführung und Erzählung die Klangbeispiele zusammen.
Gruppe 4: Gestaltet eine Kulisse (evtl. Hintergrundbilder) und sorgt für die erforderlichen Requisiten.

8. Arbeitsgruppe „Programmablauf und Programmheft“

Arbeitsvorschläge

1. Überlegt in eurer Gruppe, **in welcher Reihenfolge die erarbeiteten Beiträge aufgeführt werden sollen.** Fangt zur Einstimmung allerdings an mit „Kaspar“ von Reinhard Mey; denn dabei kann eure gesamte Klasse den Abend eröffnen und das Programm einleiten. – Für die Festlegung des weiteren Ablaufs müsst ihr immer im Gespräch mit den einzelnen Gruppen sein, damit ihr wisst, was aufgeführt werden soll, welche Umbauten auf der Bühne stattfinden müssen, welche Requisiten benötigt und bereitgestellt werden müssen. Nur so könnt ihr dafür sorgen, dass Programmpunkte hintereinander„geschaltet“ werden, die von den äußeren Bedingungen (Bühnenbild, Beleuchtung usw.) her am besten zueinander passen.
2. Zu überlegen ist, ob nicht ein „Moderator“ durch das Programm führt und zu den einzelnen Beiträgen einführende, erläuternde, ergänzende Bemerkungen macht.
3. Beschafft euch Programmhefte einzelner „Bühnen“ (z. B. Kammerspiele, Studiobühnen, Opernhäuser, Theater u. Ä.) und untersucht, wie diese gestaltet sind.
4. Ihr habt **mehrere Möglichkeiten,** ein Programmheft zu erstellen:
   a) Ihr schreibt auf, **wer** in welcher **Reihenfolge** welche **Programmpunkte** darbietet.
   b) Dazu fügt ihr Informationen zu den einzelnen **Balladendichtern, zur Entstehung der Balladen, zu ihren Vertonungen und deren Komponisten** an.
   c) Ihr könnt auch beschreiben, wie dieser Balladenabend entstanden ist: eure Arbeit im **Deutschunterricht,** im **Musikunterricht,** im **Kunstunterricht.**
   d) Ihr könnt diese Arbeit mit **Fotos** dokumentieren.
   e) Ihr könnt **Mitschüler/Lehrer/Lehrerinnen zu Wort kommen lassen,** die beschreiben, wie ihnen die Arbeit gefallen hat, wobei es Probleme gegeben hat, was sie bei einem zweiten Mal anders machen würden.
5. Wenn ihr es schafft, sogar **Werbeanzeigen** in eurem Programmheft unterzubringen (am besten solche, die – wenn auch im entferntesten Sinne – etwas mit dem Abend zu tun haben: Buchhandlungen, Kostümverleihe, Theaterhäuser, Musikhandlungen, Kunsthandlungen, Schreibwarengeschäfte, Bootsverleihe, „Alles für das Pferd“, usw.) könnten diese Einnahmen evtl. die Kosten für das Drucken dieses Programmheftes abdecken. Dann müsst ihr natürlich bei den einzelnen Unternehmen vorstellig werden und euch über Druckmöglichkeiten eines Programmheftes informieren.
6. Über die Erstellung des Programmheftes hinaus könnt ihr eine **weitergehende Dokumentation** des eigentlichen Aufführungsabends anfertigen: Ihr fotografiert, befragt das Publikum, die Darsteller usw. und fertigt Berichte an.
7. Für den Abend könnt ihr außerdem die **ortsansässige Presse einladen** und deren Berichte über die Vorstellung zusammen mit eurer Dokumentation in einer „Nachlese“ eurer Schulgemeinde zugänglich machen.
8. Vielleicht ist die ortsansässige Presse auch an euren Berichten interessiert und ihr könnt eine **eigene Reportage über eure Arbeit** im Unterricht oder über euren Balladenabend verfassen und veröffentlichen!!

Viel Erfolg!!

Projekt:

„Julie von den Wölfen“

(Jahrgangsstufe 7)

Zur Begründung der Auswahl dieses Jugendbuches

Dieses Buch erscheint als Lektüre für ein 7. Schuljahr des Gymnasiums deshalb geeignet, weil in ihm Themen angesprochen werden, die für 13/14-Jährige in ihrem persönlichen Entwicklungs- und Sozialisationsprozess durchaus von Interesse und Bedeutung sind; hinzu kommen Fragen zur zukünftigen Lebensgestaltung, wenn z. B. der Umgang des Menschen mit Natur und Umwelt thematisiert wird; dabei werden eindeutige Problemlösungen vermieden, es werden vielmehr differenzierte Auseinandersetzungen mit folgenden Themen eingefordert:

- Gleichaltrige in anderen Kulturkreisen
- Zusammenleben von Menschen und Tieren
- Entwicklung einer eigenen Persönlichkeit
- Verhältnis zwischen Tradition und Modernisierung
- Umwelt und Umweltschutz

Zu betonen sind auch der hohe Informationswert dieses Buches und seine recht differenzierte Sprache.

Lernzielbezug

Es bietet sich eine enge **Zusammenarbeit mit dem Fach Erdkunde** an (z. B. Leben und Wirtschaften in verschiedenen Landschaftszonen/Die Kälte setzt Grenzen); das Fach **Biologie** hat in der Regel (Jgst. 5) schon „zugearbeitet“, wenn zum Thema „Haustiere“ der **Wolf als Vorfahre des Hundes** Gegenstand des Unterrichts war.

Den unterschiedlichen Bereichen des **Faches Deutsch** kann folgendermaßen Rechnung getragen werden:

Umgang mit Texten

- Ganzschriften verstehen
- Texte unterschiedlicher Art zu einem für die Altersstufe wichtigen Thema (hier z. B. Ich-Identität; ein Leben zwischen Tradition und Modernisierung; Umwelt und Umweltschutz) erarbeiten
- Umgang mit Medien

Schreiben

- über Personen, Fakten, Ereignisse interesseweckend bzw. stellungnehmend berichten (hier: über ein Ereignis, einen Missstand berichten, evtl. in Form einer **Reportage**)
- unter Benutzung von Vorlagen **berichten**
- Lebewesen, (komplexere) Vorgänge, Einrichtungen genau, geordnet und lebendig **beschreiben und erklären**
- sich mit Ansichten und Problemen in Vorlagen auseinander setzen und begründete eigene Positionen entwickeln
- eigene Standpunkte klären und appellativ (überzeugend) formulieren (Aufruf, Kommentar, Anzeige, Bild-Text-Collagen)

Sprechen

- kleinere Redebeiträge als Kurzreferate leisten
- in Kommunikationsspielen Formen monologischen und dialogischen Sprechens üben (situations-, gegenstands- und partnergerecht formulieren, z. B. als Berichterstatter(in), als Erzähler(in), als Dialogpartner(in), evtl. in einer Fernsehsendung)

Reflexion über Sprache

- gliedern: Erzählschritte bzw. Argumentationsschritte und Informationen in Texten feststellen und festhalten
- differenzieren und entfalten: treffender Ausdruck, Fachwort und Umschreibung des Textes

Methodische Erfordernisse

- Kurzreferate anfertigen
- Reportage verfassen/appellieren
- berichten
- beschreiben/erklären
- den Inhalt wiedergeben

} (vgl. „Gewusst wie!“, S. 101ff.)

Projektverlauf

1. Zunächst wird den Schülerinnen und Schülern das Buch vorgestellt; der Klappentext eignet sich dazu recht gut:
„Julie, ein dreizehnjähriges Eskimomädchen, ist aus einer nach altem Brauch geschlossenen Kinderehe geflüchtet. Sie verirrt sich in der arktischen Tundra und sieht ihre einzige Überlebenschance darin, sich einem Rudel Wölfen anzuschließen. Wie das geschieht, wie das Mädchen die Wölfe beobachtet, ihr Verhalten studiert, sich ihre Laute und Gebärdensprache aneignet und schließlich von ihnen angenommen wird, ist poetisch und spannend zugleich geschildert. Abenteuer, Erlebnis und die Erkenntnisse der Verhaltensforschung gehen ohne Bruch ineinander über.“
Anschließend werden zum Einstieg in die Lektüre die Seiten 7–10 vorgelesen. Die weitere „Lesarbeit“ soll zu Hause erfolgen, 10–14 Tage reichen dafür wohl aus.

Das Buch ist in drei Kapitel unterteilt:
1. Amaroq, der Wolf (S. 7–87)
2. Miyax, das Mädchen (S. 88–122)
3. Kapugen, der Jäger (S. 123–192)

Das 1. Kapitel beschreibt die Bemühungen des Mädchen Miyax, die Tundra zu durchqueren; es will unbedingt nach Point Hope, um sich von dort aus auf den Weg nach San Francisco zu machen. Miyax muss sich mit den einfachsten Mitteln zurechtfinden, sich orientieren, sich Nahrung beschaffen. Um nicht zu verhungern, aber auch um beschützt zu werden, sieht sie sich gezwungen, sich einem Wolfsrudel anzuschließen, das von Amaroq, so nennt sie den Leitwolf, angeführt wird. Wie ihr das gelingt und wie sie dabei die von ihrem Vater Kapugen, dem berühmten Seehundjäger, erworbenen Kenntnisse anwendet, zeigt dieses 1. Kapitel. Miyax schafft es sogar, sich wieder vom Wolfsrudel zu „emanzipieren“, sie will

ihr Überleben nicht von den Wölfen abhängig machen, zumal diese – wenn die Welpen groß genug sind – auch weiterziehen werden.
Das 2. Kapitel ist eine Rückblende, in der die bisherige Lebensgeschichte dieses Eskimomädchens nachgezeichnet wird: wo es geboren ist, wie und wo es gelebt hat, wie es zu der Ehe mit dem „blödsinnigen“ Daniel gekommen ist und warum es die Tundra durchqueren will, um nach San Francisco zu gelangen. In diesem Kapitel erfahren die Schülerinnen und Schüler recht viel über die Völker der Inuit, ihre Lebensbedingungen und, damit verbunden, ihre Lebensgewohnheiten, Denkweisen u.a.m. Es werden aber auch Entwicklungen aufgezeigt, die im Zuge der Industrialisierung und des an Bedeutung gewinnenden Tourismus ihren Lauf nehmen und das Leben der Menschen stark beeinflussen und manchmal auch zu Problemen führen (z. B. Alkoholismus, Lebensperspektiven für Jugendliche).
Im 3. Kapitel wird deutlich, wie sehr Miyax Gefallen findet an dem „einfachen“ Eskimoleben, wie sie immer mehr Hochachtung für das Eskimovolk entwickelt, wie stolz sie darauf ist, dass sie als ein Eskimomädchen es mit ihren erworbenen Kenntnissen und Fähigkeiten schafft, im Einklang mit der Natur ihr Überleben zu sichern. Es kommen ihr Zweifel, ob ein Leben in San Francisco für sie wohl das Richtige sei; als aber ihr Freund Amaroq vom Flugzeug aus gejagt und getötet wird, wird ihr immer klarer, dass sie wie ein Eskimo leben muss. Geradezu wunderbar erscheint ihr diese Perspektive, als sie erfährt, dass Kapugen, ihr über alles geliebter und tot geglaubter Vater, noch lebt, und zwar im nah gelegenen Ort Kangik. Doch auch an ihm sind die amerikanischen Entwicklungen nicht vorbeigegangen: Er ist mit einem „Blassgesicht“ verheiratet, sein Haus hängt voller elektrischer Lampen, er besitzt Radio und Plattenspieler; aber was am schlimmsten ist: Auch er jagt nun vom Flugzeug aus! Sie fühlt sich und ihr Volk verraten und will ihn verlassen. Sie bricht auch auf, doch sie besinnt sich anders und kehrt zu ihrem Vater Kapugen zurück.

2. In der nach der „Hauslektüre“ stattfindenden 1. Unterrichtsstunde (ratsam ist eine Doppelstunde) sollen die Schülerinnen und Schüler zunächst ihre Leseerfahrungen schildern und sich zum Buch äußern: Hat es ihnen gefallen? Was hat ihnen besonders gefallen? Was hat ihnen nicht gefallen? Was ist eigentlich das Thema? Gibt es mehrere Themen? – Die allgemeine Lebensgeschichte des Eskimomädchens, dessen Leben einerseits noch so traditionell bestimmt ist, andererseits aber auch mit den modernen Entwicklungen konfrontiert wird, und sein Abenteuer mit den Wölfen beeindrucken die Schülerinnen und Schüler erfahrungsgemäß am nachhaltigsten; die oft recht genauen Beschreibungen der Pflanzen- und Tierwelt sowie der Handhabung bzw. Anfertigung von Werkzeugen u. Ä. erfordern ein sehr genaues, geduldiges Lesen und damit besondere Konzentration. Die Neugier auf den Ausgang des Geschehens verführt jedoch manchmal dazu, diese Textstellen schnell zu „überfliegen“. Letztendlich wird ein Gespräch darüber, was der Leser/die Leserin in dem Buch erfahren kann, zur Festlegung von drei inhaltlichen Komplexen führen, die mit folgenden Stichworten zu benennen sind: die Lebensgeschichte des Eskimomädchens – Wölfe – Tundra. Die Informationen dazu sind einerseits so umfangreich und andererseits über das gesamte Buch verteilt, dass es sicherlich nicht schwer fällt, den Schülerinnen und Schülern deutlich zu machen, wie sinnvoll es sein kann, die im Buch vorhandenen Informationen in einem „Nachschlagewerk“ oder „Handbuch“ zu ordnen und zu bündeln oder/und diese in einer Ausstellung für die gesamte Schulgemeinde aufzubereiten. Für die beiden Bereiche

„Miyax – ein Eskimomädchen" und „Wölfe" sind sicher sehr schnell Arbeitsgruppen gebildet, für den Bereich „Tundra" finden Sie erfahrungsgemäß dann Mitarbeiter, wenn Sie den Vorschlag machen, eine Anleitung für ein „Überlebenstraining in der Tundra" zu verfassen. Miyax konnte ja im Wesentlichen nur deshalb überleben, weil sie die dafür notwendigen Kenntnisse über die Tier- und Pflanzenwelt der Tundra von ihrem Vater erworben hatte und sie die vorgefundenen Gegebenheiten in Verbindung mit ihren handwerklichen Fähigkeiten geschickt für sich zu nutzen verstand. Als Ergebnis dieses ersten Gespräches könnte folgende **Gliederung** eines möglichen „Handbuches" entwickelt werden:

1. **Miyax – ein Eskimomädchen zwischen zwei Welten**
   a) Der Lebenslauf des Eskimomädchens Miyax
   b) Miyax' Eskimowelt im Seehundlager/Die Inuit – Lebensraum, Sitten, Bräuche
   c) Miyax' („Julies") amerikanisiertes Leben in Mekoryuk – „zivilisatorische" Entwicklungen bei den Inuit
   d) Miyax' Traum von San Francisco und ihre endgültige Entscheidung (Wohin gehört sie?)
2. **Der Wolf – ein Raub- und Rudeltier als Menschenfreund**
   a) Der Wolf in seinem Rudel (Hierarchie-Stellung und Verhalten der Mitglieder zueinander; wie die Kleinen ernährt werden; wie und wann gejagt wird; wie Wölfe Verwundete versorgen; wie sie fressen; wie sie wohnen)
   b) Sich in „wölfisch" verständigen: kurze Einführung in die „Sprache" der Wölfe
3. **In der Tundra überleben – Anleitung für ein „Überlebenstraining"**
   a) Was ist die „Tundra"? – Geografische Lage, Pflanzen- und Tierwelt
   b) Praktische Tipps für ein „Überlebenstraining": Werkzeuge – Orientierung (Richtungs- u. Zeitbestimmung) – Ernährung – Wohnung – Mitglied eines Wolfsrudels werden (vgl. Handbuch, 2.)

Diese Gliederung kann auch als Arbeitsschema für eine für die gesamte Schulgemeinde anzufertigende **Ausstellung** dienen.

Ein Vorteil einer Ausstellung liegt darin, dass die einzelnen Gruppenergebnisse jeweils immer nur in einfacher Ausführung vorliegen müssen, aufwändiges Kopieren für jeden Schüler/jede Schülerin der Klasse entfällt; andererseits stehen häufig über Eltern Kopierkontingente zur Verfügung und über die mittlerweile in Elternhäusern und Schulen recht häufig anzutreffenden „Scanner" ergeben sich neue Möglichkeiten, farbig gestaltete Seiten zu vervielfältigen. Es steht sicher außer Frage, dass ein für jeden Schüler/jede Schülerin eigens zusammengestelltes „Handbuch", an dem sie gemeinsam geschrieben haben, einen durchaus reizvollen Antrieb bedeuten kann, zumal wenn ihnen zusätzlich individuelle Gestaltungsmöglichkeiten eingeräumt werden. Wenn der Aufwand und die Kosten für die Vervielfältigungen und das Binden der Exemplare unüberwindlich erscheinen, könnte auch nur ein einziges Exemplar für die Schulbibliothek angefertigt werden; aber mittlerweile gibt es sehr praktikable und kostengünstige Verfahren um „Lose-Blatt-Sammlungen zu binden (vgl. „Projekte im Deutschunterricht" 5/6, S. 25); eine Ausstellung könnte außerdem noch als weiteres Arbeitsziel verfolgt werden.

Die endgültige Entscheidung muss auch zu diesem Zeitpunkt noch nicht gefällt werden; machen Sie das gemeinsam mit den Schülerinnen und Schülern von den jeweiligen Arbeitsergebnissen, den vorhandenen Möglichkeiten und der vorliegenden Bereitschaft abhängig.

3. In der nächsten Phase verteilen Sie an die Schülerinnen und Schüler die gruppenspezifischen Aufgaben. Allen Gruppen gemeinsam ist die Aufgabe, dem Klassenverband die erarbeiteten Ergebnisse/ihr „Buchkapitel“ vorzustellen. Dabei müssen Sie den einzelnen Gruppen mit Ratschlägen zu Möglichkeiten der „Präsentation“, mit Tipps zur Beschaffung von Literatur usw. zur Seite stehen. In dem Material **„Gewusst wie!“,** das **allen** Klassenmitgliedern zur Verfügung stehen soll (entweder für die jeweilige Gruppe kopieren oder im Klassenraum aushängen), kann noch einmal nachgeschaut werden, wozu sich einzelne Darstellungs- und Aufbereitungsformen eignen und was bei der Anfertigung zu beachten ist. Ggf. müssen Sie dazu einzelne „Unterrichtsstunden“ einfügen.

4. In der sich nun mehrstündig (abhängig vom Arbeitsaufwand und der Gruppenstärke) anschließenden Gruppenarbeit (3 Gruppen) bearbeiten die einzelnen Gruppenmitglieder ihre jeweiligen Arbeitsaufträge (Arbeit mit der Lektüre/Sichtung und Auswertung der zusätzlich herangezogenen Literatur/Expertenbefragungen); die Ergebnisse werden fixiert und den eigenen Gruppenmitgliedern vorgestellt; gemeinsam erarbeiten nun alle Gruppenmitglieder das „Referat“, mit dem sie ihre Gruppenergebnisse den restlichen Klassenmitgliedern vorstellen wollen. Dem Klassenverband soll auch vorgestellt werden, wie die Präsentation dieser Gruppenergebnisse im „Handbuch“ oder in einer Ausstellung aussehen soll.

5. Die Schülerinnen und Schüler, die ihre Arbeiten abgeschlossen haben, beginnen mit der Organisation der „Handbucherstellung“ bzw. der Ausstellung:
- Sammeln der erstellten „Buchseiten“/Seitennummerierungen/Namen der Verfasser
- „Lektor-Arbeit“
- Vervielfältigungen
- Einholen von Kostenvoranschlägen für das Binden oder Fassen der Seiten (Möglichkeiten für das Binden siehe „Projekte im Deutschunterricht“ 5/6, S. 25)
- Erstellen eines Literaturverzeichnisses
- Entwürfe für den Bucheinband
- evtl. Mithilfe bei der Finanzierung durch Einholen von Werbung, die in irgendeinem Zusammenhang mit dem Buch steht (z. B. Trekking-Geschäfte u. Ä.)

Literaturhinweise:

- Smith, G. (Hrsg.), Alaska, APA Guides
- Morrison, D./Germain, G.-H., Eskimo, Geschichte, Kultur und Leben in der Arktis, Frederking & Thaler Verlag GmbH, München 1996
- Alaska, GEO Special Nr. 5, Oktober 1995
- Alaska, Marco Polo, 2. aktualisierte Auflage 1997
- Themenbücher aus der Reihe „Was ist was?“: Wölfe (Bd. 104), Polargebiete (Bd. 36), Sternbilder und Sternzeichen (Bd. 99)

Filmtipps:

16 mm-Filme von FWU:	32 2934	Wenn das Eis schmilzt
	32 2935	Schlitten und Iglu
	32 2936	Robbenjagd am Atemloch
	32 2937	Netsilik-Eskimos – Leben in der Arktis

Fernsehfilm: 1997 wurde auf „arte“ ein Themenabend zu den Inuit gesendet.

Gewusst wie! – Wie schreibt man eigentlich eine Inhaltsangabe, eine Charakteristik, eine ...?

Beschreiben:

Wenn man etwas beschreibt, sind persönliche Empfindungen und Bewertungen nicht gefragt. Wichtig dagegen sind:

- genaue Darstellung und sachlicher Sprachstil,
- deutliche Gliederung und sinnvolle Reihenfolge,
- Verwendung von Fachbegriffen,
- übersichtlicher, einfacher Satzbau,
- Darstellung im Präsens.

Diese Gesichtspunkte sind für alle Formen des Beschreibens wichtig, z. B.

- ***Tierbeschreibungen***
- ***Vorgangsbeschreibungen***
- ***Personenbeschreibungen;*** hier gibt es aber unterschiedliche Möglichkeiten; für unsere gemeinsame Arbeit hier ist sicherlich die ***literarische Charakteristik*** von besonderer Bedeutung.

Bei einer literarischen Charakteristik soll der Leser oder die Leserin mit einer literarischen Figur (aus einem Jugendbuch, einer Erzählung, einem Theaterstück) vertraut gemacht werden: ihrem Aussehen, ihrem Charakter, den Beweggründen für ihr Handeln, den Verhaltensweisen gegenüber den anderen. Um die Entwicklung zu verdeutlichen, kann man chronologisch nach Lebensabschnitten vorgehen.
Die Darstellung erfolgt im Präsens. Wichtige Aussagen über die literarische Figur werden durch Zitate belegt.

Mögliche Gliederung:

Einleitung

Bedeutung der Figur innerhalb des Werkes

Hauptteil

a) Kennzeichnung der Person (Name, Geschlecht, äußeres Erscheinungsbild, Sprechweise, Gestik, Alter, Herkunft, Familie, soziale Stellung, charakterlicher Grundzug, Geisteshaltung)

b) Verhalten im Einzelnen (Charakter und Eigenschaften, typische Einzelhandlungen, Verhalten gegenüber anderen Menschen und gegenüber Tieren, Selbsteinschätzung, Einschätzung durch andere Menschen)

c) ggf. Wertung (Wertung, die bereits im Text gegeben wird, eigene Wertung)

Schlussteil

ggf. Gesamturteil (kann entfallen, wenn dieses bereits aus dem Hauptteil ersichtlich wird)

Berichten:

Wenn man über ein vergangenes Ereignis berichten will, muss man sich klar machen, wozu der Hörer oder Leser diese Information benötigt. In aller Regel geht es dabei um eine sachliche, präzise Darstellung eines einmaligen Ereignisses. Wenn ein Bericht z. B. der Feuerwehr, der Polizei, dem Gericht oder einer Versicherung dazu dienen soll, ein Geschehen nachzuvollziehen, soll er Antworten geben auf verschiedene W-Fragen:

a) Was? Wer? Wo? Wann?
b) Wie? Warum?
c) Welche Folgen?

Dabei sind folgende Kriterien wichtig:

- sachliche Richtigkeit,
- genaue Orts- und Zeitangaben
- keine persönlichen Gefühle und Wertungen,
- treffende Wortwahl und übersichtlicher Satzbau,
- Tempusform: Präteritum.

Texte, die aus einer persönlichen Perspektive einem Bekannten (z. B. Freund/Freundin) oder Unbekannten (z. B. Zeitungsleserin/Zeitungsleser) von einem Geschehen berichten, dürfen durchaus auch Gedanken, Gefühle sowie spannungssteigende Ausdrücke und Wertungen enthalten. Dabei gehen berichtende, erzählende und beschreibende Passagen häufig fließend ineinander über, z. B. bei einer **Reportage.**

Eine Reportage verfassen:

Eine Reportage ist eine Text- und Darstellungsform des modernen Journalismus, beispielsweise ein Augenzeugenbericht, mit dem (meist in kurzer Form) ein Ereignis dargestellt wird; dies erfolgt meist aus der unmittelbaren Situation heraus. Im Gegensatz zu Berichten und Nachrichten darf die innere Beteiligung des Verfassers deutlich werden.
Die Reportage ist relativ einfach formuliert und für ein breites Hörer- und Leserpublikum gedacht. Sie darf das persönliche Engagement, die persönliche Sichtweise des Reporter zeigen, sollte aber zuverlässig sein und sachliche Fakten enthalten. Man unterscheidet heute z. B. Presse-Reportage, Rundfunk-Reportage und Fernseh-Reportage.

Appellieren:

Beim Appellieren kann man unterschiedliche Absichten verfolgen: zu etwas auffordern, für etwas werben, auf etwas aufmerksam machen, vor etwas warnen, ... Dies kann man auf sehr unterschiedliche Weise tun, zum Beispiel durch einen Aufruf, ein Flugblatt, einen Hinweis an der Pinnwand, ein Inserat, einen Leserbrief, eine Werbeanzeige, ein Plakat, eine Wandzeitung oder auch durch eine Rede.

Den Inhalt wiedergeben (Inhaltsangabe):

Die Inhaltsangabe ist eine wichtige Form des Informierens; für einen Zuhörer oder Leser soll der Inhalt eines Textes, eines Films, eines Buches knapp und präzise wiedergegeben werden.

Im Einzelnen sind folgende Grundsätze zu beachten:
- mit eigenen Worten wiedergeben; keine Orientierung am Stil der Vorlage;
- sachlich schreiben; keine Gefühlsäußerungen und persönlichen Empfindungen, keine Spannung; keine wörtliche Rede;
- auf das Wesentliche beschränken;
- Handlungsabfolge in geordneter Weise wiedergeben;
- Tempusform: Präsens (bei Vorzeitigkeit Perfekt).

Wichtige wörtliche Aussagen werden in indirekter Rede wiedergegeben. Dabei kommt es auf den richtigen Gebrauch des Konjunktivs an.

Ein Referat halten:

Beim Referieren geht es vor allem um ***klare Informationen*** für die Mitschülerinnen und Mitschüler.

Arbeitsschritte:
- zu dem Thema des Referats Literatur beschaffen und sich sachkundig machen;
- Ergebnisse übersichtlich zusammenstellen
- das Referat gliedern; überlegen, welche Teile besonders zu gewichten sind;
- Möglichkeiten der Veranschaulichung für Zuhörer einplanen (Tafel, Folie, Arbeitspapier, Thesenpapier, Tonband, Video);
- die Art des Vortrags überlegen, zum Beispiel: freier Vortrag nach Stichwörtern, Zuhörer einbeziehen (Blickkontakt, Einplanung von Unterbrechungen für kurze Diskussionen, Zusammenfassungen geben, ...)

Man sollte nicht länger als zehn Minuten an einem Stück reden, sonst lässt die Aufmerksamkeit der Zuhörer nach.

Eine Collage erstellen:

Bei der Anfertigung einer Collage werden Materialien (Bildteile und Textteile) so zu einem Bild zusammengeklebt, dass sich ein neues Ganzes ergibt. Man unterscheidet Bild-Collagen und Bild-Text-Collagen.

Projekt:

Balladen

(Jahrgangsstufe 8)

Lernzielbezug

Bei diesem Projekt bietet sich eine Zusammenarbeit mit den Fächern **Musik** und **Kunst** an, für den „anvisierten“ Aufführungsabend ist sie geradezu unabdingbar; deshalb finden Sie hier auch eigens für diese Fächer entworfene Arbeitsblätter.
Den unterschiedlichen Bereichen des Faches **Deutsch** kann folgendermaßen Rechnung getragen werden:

Umgang mit Texten
- lyrische Texte verstehen (z. B. Gedichte lesen und vortragen)
- Umgang mit Medien: Inhalte, Merkmale und Wirkungsweisen medialer Texte untersuchen und mit ihnen experimentieren (Texte z. B. medial aufbereiten; das in einer Ballade erzählte Geschehen in verschiedene Nachrichten, eine Nachricht in eine Reportage umformen, für ein Boulevardblatt umformen)

Schreiben
- Sachverhalte in ihren Zusammenhängen differenziert erfassen und erklären (z. B. die Herkunft und Bedeutung von Begriffen erläutern)
- in Anlehnung an Vorlagen neue Texte verfassen (z. B. Reportagen, Kommentare, Texte für Nachrichtensendungen oder Boulevardzeitungen)
- für Vorlagen bzw. in Anlehnung an Vorlagen werbende Texte verfassen, z. B. für den Besuch eines „Balladenabends“ (Einladungen)
- Gelesenes erklären (im zu erstellenden Programmheft)
- sich mit Ansichten und Problemen in Vorlagen auseinander setzen und begründete eigene Positionen entwicklen (z. B. in einem Programmheft)

Sprechen
- in Kommunikationsspielen Formen monologischen und dialogischen Sprechens üben (z. B. als Moderator/Moderatorin durch einen „Balladenabend“ führen, etwa mit einführenden, erläuternden, Programmpunkte verbindenden Texten)
- die interpretatorische Funktion von verschiedenen Sprechweisen erproben (Balladenvortrag)
- im szenischen Spiel verbale und nonverbale Ausdrucksformen differenziert einsetzen

Reflexion über Sprache
- metaphorischen Sprachgebrauch untersuchen und anwenden
- in eigenen Texten Formulierungsentscheidungen auf deren Wirkungen hin begründet treffen

Methodische Erfordernisse
- Reportage verfassen
- sachlich informieren
- appellieren
- Interviews führen
- rezitieren
- moderieren

Projektverlauf

Die Arbeit an diesem Projekt ist in erster Linie weitgehend von dem „Projektprodukt" – dem Balladenabend – bestimmt. Die ausgewählten Balladen werden u. a. zu einem großen Teil unter dem Gesichtspunkt der Eignung für die Aufführung bearbeitet, bei der die Ergebnisse den Eltern, Freundinnen und Freunden, Lehrerinnen und Lehrern und anderen Interessierten vorgeführt werden sollen. Während Balladen häufig in der Jgst. 7 zum Unterrichtsthema gemacht werden, wird dieses Projekt aufgrund der umfangreichen und so unterschiedlichen Anforderungen an die Schülerinnen und Schüler für den Beginn der 8. Klasse in Zusammenarbeit mit den Fächern **Musik** und **Kunst** vorgeschlagen.
Sprechen Sie sich **vor dem Beginn** des Projektes mit den infrage kommenden Fachkolleginnen und -kollegen bzgl. der Arbeitsmöglichkeiten (siehe 2.), der zeitlichen Planungen, der Terminierung des „Balladenabends" usw. unbedingt ab!

Zur Bearbeitung ausgewählt wurden:
a) Reinhard Mey, **Kaspar (Stichwort: Bänkellied)**
b) Theodor Fontane, **John Maynard (Stichwort: Heldenballade)**
c) Johann Wolfgang von Goethe, **Der Totentanz (Stichwort: unheimlich, makaber)**
d) Johann Wolfgang von Goethe, **Erlkönig (Stichwort: Unheimliches, Übernatürliches)**
e) Johann Wolfgang von Goethe, **Der Zauberlehrling (Stichwort: Hybris)**

Die Arbeit im Projekt erfolgt in drei Phasen, wobei die erste und die zweite zeitweilig parallel laufen:

- Die ausgewählten Balladen werden zunächst **im Klassenverband** behandelt.
- In verschiedenen **Arbeitsgruppen oder in Einzelarbeit** werden Beiträge für die Aufführung vorbereitet und erstellt.
- Höhepunkt: **der „Balladenabend"**

1. Nachdem Sie sich mit Ihren Schülerinnen und Schülern die Seiten 36 und 37 angesehen haben, müssen die zur Wahl stehenden Balladen zunächst vorgestellt werden.
Der Einstieg in die Reihe soll mit dem Song „Kaspar" von Reinhard Mey erfolgen. Die drei Fächer Deutsch, Musik und Kunst beginnen gleichzeitig mit der Bearbeitung dieses Stückes:
Deutschunterricht: Textsorte Ballade/Bänkellied: lyrische, epische, dramatische Elemente; oft historischer Hintergrund
Musikunterricht: Erarbeitung der Liedmelodie, Singen des Liedes mit Klavier- bzw. Gitarrenbegleitung (natürlich sind – je nach Gegebenheiten – andere Instrumente einsetzbar)
Kunstunterricht: Festlegung der anzufertigenden Bilder und Stabfiguren für den Vortrag als „Bänkellied"; Erstellen der Bilder und Stabfiguren
Die Arbeit im Musik- und Kunstunterricht wird zwar eine längere Zeit als die im Deutschunterricht beanspruchen, dennoch ist der gleichzeitige Beginn wichtig. Der Vorteil der Bearbeitung im Klassenverband einerseits als auch der gleichzeitigen Arbeit in drei unterschiedlichen Fächern andererseits wird darin gesehen, dass sich zunächst alle Schülerinnen und Schüler gemeinsam auf eine „Ballade" konzentrieren und erfahren, wie man aus der unterschiedlichen Sicht einzelner Fächer mit ihr umgehen kann. Außerdem können weitgehend alle Klassenmitglieder am „Balladenabend" an der Aufführung dieses Beitrages be-

teiligt werden, wenn sie gemeinsam das Lied vortragen, mit Instrumenten begleiten und das Geschehen mit den Bildtafeln und den Stabfiguren veranschaulichen. In dieser Arbeitsphase kann die Idee von einem „Balladenabend“ bei den Schülerinnen und Schülern konkretere Formen annehmen.

2. Jetzt erfolgt im **Deutschunterricht** und z. T. im **Musikunterricht** eine Erarbeitung der weiteren Balladen (inhaltlich, formal usw.) und es muss die Frage gestellt werden: „Wie bearbeiten wir sie für unseren Aufführungsabend?“ – Werden die vorgeschlagenen Möglichkeiten (s. 2., S. 37) akzeptiert? Legen Sie gemeinsam mit Ihren Schülerinnen und Schülern eine „vorläufige Übersicht“ zur Programmgestaltung an. Einzelne Beiträge können dann schon in der Hausaufgabe vorbereitet und gestaltet werden. Hinweise auf bereits vorhandene musikalische Bearbeitungen und auf die Möglichkeit, selbst musikalische Bearbeitungen vorzunehmen, können vom Deutschlehrer/von der Deutschlehrerin erfolgen; im **Musikunterricht** aber (siehe Arbeitsblätter **„für den Musikunterricht“**) findet die eigentliche Arbeit an den Kompositionen statt, d. h. sie werden analysiert, verglichen u. Ä. und die Schülerinnen und Schüler entwickeln **hier** ggf. die eigenen „Vertonungen“. Im **Kunstunterricht** werden Möglichkeiten für die Herstellung von „Hintergrundbildern“, Kulissen und Kostümen (siehe Arbeitsblätter **„für den Kunstunterricht“**) vorgestellt. Dabei können als Bildmaterial Kunstwerke bekannter Maler, aber auch selbst gemalte Bilder dienen.

3. In der eigentlichen „Produktions-Phase“ für den Aufführungsabend müssen die beteiligten Fachkolleginnen und -kollegen den einzelnen Gruppen oder „Einzelarbeitern“ Gelegenheit und Zeit geben (manchmal müssen auch zusätzliche Räume besorgt werden), an ihren Aufgaben zu arbeiten, d. h., dass in einer Deutschstunde durchaus auch an einem „Hintergrundbild“ gearbeitet oder in einer Musikstunde ein „Interview mit dem Zauberlehrling“ entwickelt werden kann.

4. Über die „Balladenarbeit“ hinaus muss sich eine Gruppe „Programmablauf und Programmheft“ bilden. Diese Gruppe muss im ständigen Kontakt zu den „Beitragserstellern“ stehen, das bedeutet, dass die Mitglieder dieser Gruppe – neben ihren Redaktionssitzungen – immer wieder einmal Gespräche mit den jeweiligen „Produzenten“ führen müssen (zur konkreten Arbeit in dieser Gruppe siehe Arbeitsblatt „Programmheft“).

5. Zur Organisation des Aufführungsabends:
   - Belegen Sie frühzeitig einen **Raum!**
   - Achten Sie bei der Terminierung auf den **Schulveranstaltungsplan!**
   - Kündigen Sie die Aufführung **frühzeitig** an (Einladungen entwerfen und anfertigen)!

Kaspar/Liedvortrag

- Tempo des Liedes: etwa ♩ = 84
- Schüler/Schülerinnen lesen den Text mit verteilten Rollen
- Schüler/Schülerinnen sprechen den Text der 1. Strophe zusammen mit dem Lehrer/der Lehrerin im Rhythmus der Melodie; ein Schüler/eine Schülerin schlägt dazu auf einer Handtrommel das Metrum
- evtl. Text im Rhythmus der Melodie auf einem Ton singen
- Erarbeitung der Melodie in Abschnitten: Textzeile 3 (wegen der Höhe) evtl. zunächst eine Terz tiefer üben
- Singen der 1. Strophe mit Klavier- oder Gitarrenbegleitung. In den Pausen sollten einige Schüler/Schülerinnen auf einem Tasteninstrument, einer Gitarre oder einem tiefen Orff-Instrument folgende Töne spielen:

während der ersten und zweiten Pause: 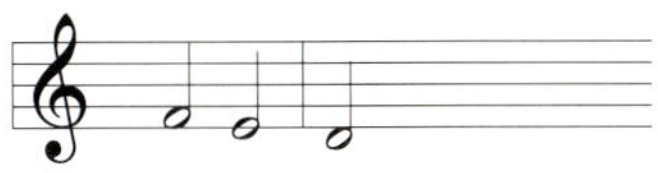

während der dritten Pause: 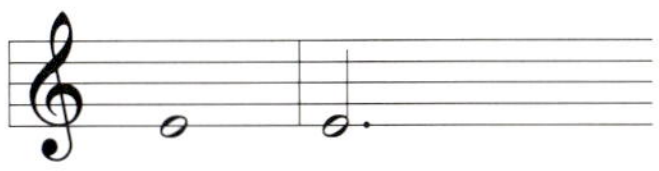

- Jede Strophe muss gesonders geübt werden, weil der Text jeweils kleine melodische Änderungen nach sich zieht:
z. B. Strophe 2:

wirre	– • sein	Gang
g g	– • g	a
(statt f)		

irre	– • ward vom	Teufel
g g	– • f g	a d

er	trinkt nicht	vom Geschir	re – •	𝄽 den hat die
a	g g	g g c	c – •	𝄽 c c b

- Schüler/Schülerinnen erarbeiten ein Vor- und Nachspiel
z. B. Vorspiel: z. B. Nachspiel:

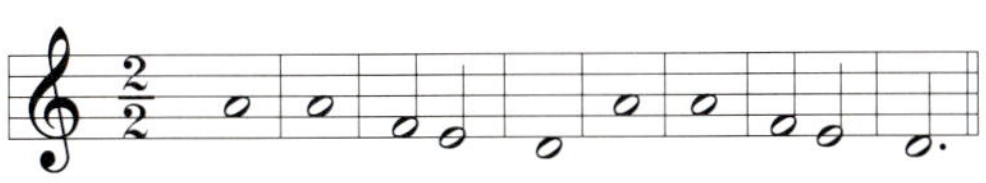

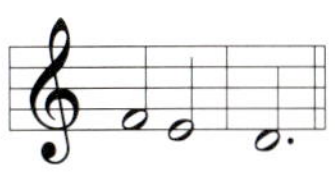

- Schüler/Schülerinnen hören das Original von R. Mey und markieren gleichzeitig im Text die Worte, die Mey betont, und die Stellen, an denen er kleine Zäsuren macht (vorher entsprechende Zeichen überlegen).
- Schüler/Schülerinnen vergleichen Schriftbild, Sprech- und Liedvortrag (Schriftbild – Reimschema; Sprechvortrag – Sinneinheiten; Liedvortrag – Sinneinheiten und Metrum).
- Schüler/Schülerinnen diskutieren, ob sie sich beim eigenen Singen dem Vortrag von R. Mey anschließen möchten oder ob ihre Interpretation von der R. Meys abweichen soll.
- Erarbeitung des Liedes bis zur Aufführungsreife.

Erlkönig/Vertonungen/Reichardt

Zur Vertonung

1. **Liedtypus: Variiertes Strophenlied**
2. **Grundstimmung** wird dargestellt (unheimlich); Verzicht auf die Darstellung wechselnder Stimmungen oder eine Charakterisierung der handelnden Personen (das obliegt der Gestaltungskraft der Sängerin/des Sängers)
3. **Kein Vor-, Zwischen- und Nachspiel**
4. Akkordische **Klavierbegleitung,** die sich in Rhythmus und Melodie eng an die Singstimme anlehnt (Rhythmus = Rhythmus-Singstimme, höchster Ton des Akkords = Melodieton der Singstimme). Damit hat die Klavierbegleitung reine Stützfunktion für die Sänger, die Singstimme ist ihr völlig übergeordnet.
5. **Tongeschlecht :** Moll
6. **Tonart :** g-Moll
7. **Harmonik :** einfach, bewegt sich überwiegend zwischen tonika (g-Moll) und Dominante (D-Dur), siehe T 1–T 16
   tonika: T 1, 2, 4, 5, 11, 14, 16
   Dominante: T 3, 4, 8, 10, 12, 13, 15
   Die Subdominante (c-Moll) findet keine Verwendung.
   T 6 Variante (d-Moll) der Dominante
   T 7 eigentlich Doppeldominante (A-Dur), aber: der Grundton a fehlt und der Quintton e ist erniedrigt zu es
8. **Taktart :** 3/8-Takt
9. **formaler Aufbau** der Melodie:

1. Strophe: Melodie A	(a + b) 8 T 8 T
2. Strophe: Melodie A	
3. Strophe: Melodie B = A’	(c + c’) 8 T 8 T
4. Strophe: Melodie A	
5. Strophe: Melodie B = A’	
6. Strophe: Melodie A	
7. Strophe: Melodie B/A = A”	(c + b’) 8 T 8 T
8. Strophe: Melodie A	

   Die Beschreibung des Aufbaus zeigt, dass Reichardt eigentlich nur **eine** Melodie komponiert hat.
10. **rhythmische Darstellung der 1. Strophe:**

Erlkönig/Vertonungen/Schubert

zu 1)
mögliche „statements“: Vor-, Zwischen- und Nachspiel – anderes Tempo – verschiedene Melodien – Klavier ist wichtiger – u. a. m.

zu 2)
Vater: tiefe Stimme, erzeugt beruhigende Stimmung
Sohn: hohe Stimme, ängstlich

zu 3)
T 73 d”
T 97 es”
T 123 f”
} Melodieeinsatz jeweils eine Sekunde höher

kleine Sekunde zu Beginn der Melodie → intensiv im Ausdruck
Chromatik → Angst, Leid, drohende Gefahr
Harmonik → Dissonanzen

zu 4)
tänzerischer, leichter, verlockender Rhythmus; sehr liedhafte Melodie in Dur (B-Dur), Gewalt in Strophe/: Wechsel von Es-Dur zu d-Moll und von pp zu ff

zu 5)
- **Vorspiel**
- intoniert durch die ständigen **Triolen der Oberstimme** das „Reiten“ (diese Triolen werden bis zum viertletzten Takt durchgehalten)
- **Motiv in der Bassstimme:** erscheint 26-mal im Stück; aufsteigend = Spannungszunahme = Furcht des Kindes vor dem Dämonischen

Insgesamt erzeugt das Vorspiel eine gespenstische, unheimliche und gehetzte Stimmung!

zu 6)
Dynamik: f – cresc. – decresc. – ff – cresc. – decresc. – pp – f
Tempo: (schnell) – accelerando – Andante
Vortrag: arioso – recitativo
wirkt kurzatmig (kurze Phrasen im Vordersatz)
Melodik: T 132–T140 ansteigend; Chromatik
Schluss: T 145/146 Triolenmotiv bricht abrupt ab = der Ritt ist zu Ende („erreicht den Hof“); Stillstand auf dem As-Dur Sextakkord;
Sprechgesang; Fermate = dem Erzähler stockt der Atem vor der fürchterlichen Realität, erst dann: „war tot“; zwei Akkordschläge im ff bekräftigen das Unabänderliche.

zu 7)
Liedtypus: durchkomponiertes Strophenlied
alles andere: siehe Antworten 2–6

Erlkönig/Vertonungen/Loewe

Takte: 95
Tonart: g-Moll
Taktart: 9/8; 2 x Wechsel zu 6/8
Liedtyp: durchkomponiertes Strophenlied

Formaufbau:

Text (Goethe)	Melodie (Teile)	Taktzahlen	Taktart
	Vorspiel	T 01 – 02	9/8
Erzähler (EZ)	A	T 03 – 13	
	Zwischenspiel (ZW)	T 13 – 14	
Vater/Sohn (V/S)	B	T 15 – 24	
	ZW	T 25 – 27	
Erlkönig (E)	C	T 27 – 36	6/8; 9/8
S/V	D	T 37 – 46	9/8
	ZW	T 46 – 49	
E	C	T 50 – 58	
S/V	D’	T 59 – 68	
	ZW	T 68 – 71	
E/S	C”/D”	T 72 – 81	9/8; 6/8
	ZW	T 81 – 82	9/8
EZ	E	T 82 – 95	
	Nachspiel	T 92 – 95	

Melodieteile

Vater: T 15 ff
Dynamik: mf/p (Schluss)
Tonart: Gm – A^7 – B – A^7 – Dm
Tonlage: d – d^1
(oktaviert)
Tonfall: beschwichtigend, beruhigend (besonders in der Schlusswendung T 23/24)
T 40 ff
Dynamik: mf
Tonart: Em – H – G – Am – Em – H – Em
Tonlage: H – c^1
Tonfall: beschwichtigend, beruhigend
T 62 ff
Dynamik: mf/p
Tonart: Em – H – Em – Am – Em – H – C (Trugschluss/Verunsicherung?) – Am – Em – H – Em
Tonlage: H – c^1
Tonfall: beruhigend, beschwichtigend (besonders in der Schlusswendung T 67–69)

Kind: T 17 ff
Dynamik: pp
Tonart: Dm
Tonlage g – d^1
Tonfall: ängstlich, zurückhaltend

T 37 ff
Dynamik: p
Tonart: Cm/Dm
Tonlage: c^1 – es^1
Tonfall: ängstlich, zurückhaltend

T 59 ff
Dynamik: p
Tonart: Cm/Dm
Tonlage: c^1 – es^1
Tonfall: ängstlich, zurückhaltend

T 75 ff
Dynamik: f – mf – p
Tonart: Cm – D^7 – Gm – Cm – Gm – Cm – D^7 – Gm – Cm – Gm – Cm – D^7 – Gm
Tonlage: g – g^1
Tonfall: ängstliches Aufschreien (letztes kraftvolles Aufbäumen), danach lässt die Kraft immer mehr nach

Vater singt tiefer (beruhigend) und lauter (Sicherheit) als das Kind

Erlkönig: **Verlockung 1**
Dynamik: pp
Tonart: G-Dur
Tonlage: d – d^1
Taktart: 6/8; 9/8 (Taktwechsel!)
Tonlage: wirkt verführerisch, tänzerisch

Verlockung 2
Dynamik: pp
Tonart: G-Dur
Tonlage: d – d^1
Taktart: 9/8
Tonfall: verführerisch, tänzerisch

Verlockung 3
Dynamik: pp – sf
Tonart: G-Dur/Gm – Cm
Tonlage: d – d^1/Schlusston es^1 (Gewalt)
Taktart: 9/8
Tonfall: drängend, frech

Schluss:
Die Melodie steigt in Halbtonschritten unter ständiger Zunahme der Lautstärke von h^1 bis zum Spitzenton d^2 (T 89) aufwärts. In diesem Takt schreibt Loewe ff vor und lässt das Klavier in der Unterstimme ein Tremolo (in 32steln) auf d spielen. Danach fällt die Melodie von d^2 nach d^1 (Oktave), die Dynamik verläuft im p und aus dem Tremolo der Klavierbegleitung wird ein ruhender Ton (♩.).
Die Musik deutet dem Hörer schon an, was der Text erst später aussagt („das Kind war tot"). „War tot" ist von Loewe wie ein Aufschrei komponiert: Sexte aufwärts: von d^1 zum tonartfremden Ton h^1. Im Nachspiel findet sich in dem Akkord eine chromatisch geführte Abwärtsbewegung. Die Ballade endet pp auf dem lang ausgehaltenen (Fermate) Kontra-G.

Der Zauberlehrling/Vertonung/ Dukas

Zuordnung der Motive

Wasser:

Besen:
(Motiv)

Lehrling:
(Motiv)

Zauberspruch:
(Lehrling)

Besen:

Lehrling:

„Schläge mit dem Beil":

Zauberspruch:
(Meister)

Textquellenverzeichnis

S. 13, a): Ann Rutgers, Flucht aus der Polarnacht, Oetinger Verlag, Hamburg; **b):** Terra – Erdkunde 7/8, Ausg. Gymnasium NRW, Klett-Perthes, Gotha und Stuttgart 1996, S. 17; **d):** Marco Polo, Alaska, Mairs Geographischer Verlag, Ostfildern 1997, S. 74

S. 14f.: Apa-Guide Alaska, © 1996 Apa Publications (HK) LTD, Redaktion Langenscheidt KG, Apa Publications, München 1996, übers. von Manfred Jansen und Christine S. Wirth, S. 23, 26f.

S. 18–21: Nick Jans, Verloren zwischen den Zeiten, übers. von Brigitte Helbling, in: GEO Special Nr. 5/Oktober 1995, Gruner + Jahr, Hamburg 1995, S. 102–106

S. 28: Faszination Tier, © 1994 Isis Verlag, Chur/Schweiz, S. 483

S. 30: Burkhard Seidler, Eskimokartei zu „Julie von den Wölfen", Verlag an der Ruhr, Mülheim/Ruhr 1991, Infoblatt 15

S. 38: Reinhard Mey, Kaspar, aus: Reinhard Mey, ...alle meine Lieder, Maikäfer Musik Verlagsgesellschaft, Berlin 1985

S. 39: Lexikonartikel „Kaspar Hauser", aus: Harenberg Kommunikation Verlags- und Medien GmbH & Co. KG, Dortmund 1989: Lexikon der Weltliteratur, Bd. 3, S. 1584

S. 40f.: Heinrich Pleticha (Hg.), dtv junior Literatur-Lexikon, © 1986 Cornelsen Verlag und Deutscher Taschenbuch Verlag, S. 57f., 21f.; Hervorhebungen durch Doris Frintrop-Bechthold

S. 42/43: Reinhard Mey, Kaspar, Text und Melodie: Reinhard Mey, © Nobile Verlag, Edition Eurocord, Stuttgart

S. 46: Theodor Fontane, John Maynard, aus: Sämtliche Werke, Band XX, hg. von Edgar Groß und Kurt Schreinert, Nymphenburger, München 1962

S. 47: Walter Keitel, Erläuterungen zu Fontanes Werken, aus: Theodor Fontane, Sämtliche Werke, hg. von Walter Keitel, Band 6, Hanser Verlag, München 1964, S. 956ff.

S. 48: Heinrich Pleticha (Hg.), dtv junior Literatur-Lexikon, © 1986 Cornelsen Verlag und Deutscher Taschenbuch Verlag, S. 125

S. 49: „Lesezeichen" aus: Angelika Kriege, Balladen – hören, spielen, verstehen, Ernst Klett Verlag, Stuttgart 1996, S. 8 (mit Ergänzungen)

S. 51: Definition „Reportage", in: Heinrich Pleticha (Hg.), dtv junior Literatur-Lexikon, © 1986 Cornelsen Verlag und Deutscher Taschenbuch Verlag, S. 64f.

S. 52f.: Hans Schulte-Willekes, Schlagzeile. Ein „Bild"-Reporter berichtet, Rowohlt Taschenbuch Verlag, Reinbek 1987 (rororo rotfuchs 146), S. 16, 21f.

S. 54: Johann Wolfgang von Goethe, Der Totentanz, aus: Gedenkausgabe der Werke, Briefe und Gespräche. 28. August 1949. Erster Band, Artemis Verlag, Zürich 1950, S. 144f.

S. 59: Johann Wolfgang von Goethe, Erlkönig, aus: Der deutsche Balladenschatz, hg. von Georg von Turnitz, Heyne Verlag, München 1975

S. 60: Heinrich Pleticha (Hg.), dtv junior Literatur-Lexikon, © 1986 Cornelsen Verlag und Deutscher Taschenbuch Verlag, S. 129f.

S. 90f.: Johann Wolfgang von Goethe, Der Zauberlehrling, aus: Der deutsche Balladenschatz, hg. von Georg von Turnitz, Heyne Verlag, München 1975

Bildquellenverzeichnis

S. 6 und 7: Umschlag von Sabine Lochmann zu dem Band von Jean Craighead George: Julie von den Wölfen, © 1997 Deutscher Taschenbuch Verlag, München; **S. 9:** Foto: WMB/laenderpress; **S. 10:** Rand McNally, Road Atlas United States, Canada, Mexico, S. 10; **S. 13:** Aus: Terra – Erdkunde 7/8, Ausg. Gymnasium NRW, Klett-Perthes, Gotha und Stuttgart 1996, S. 17; **S. 14 und 15:** Aus: Apa-Guide Alaska, © 1996 Apa Publications (HK) LTD, S. 26 und 27, Redaktion: Langenscheidt KG, Apa Publications, München; **S. 24:** Zefa-Minden/J. Brandenburg; **S. 26 und 27:** Zeichnungen: P. Barrett, Cambridge, in: Grzimeks Enzyklopädie, Band 4: Säugetiere, © 1987 Kindler Verlag GmbH, München, S. 75, 76, 77; **S. 28:** Aus: Faszination Tier, © 1994 Isis Verlag, Chur/Schweiz, S. 482, 483; **S. 30 oben und S. 32:** Aus: David Morrison/Georges-Hébert Germain, Eskimo – Geschichte, Kultur und Leben in der Arktis, © 1996 Frederking & Thaler Verlag GmbH, München, S. 16 und 119 – © für die Fotos: Editions Libre Expression, Montréal, Canada; **S. 30 Mitte und unten:** Aus: Burkhard Seidler, Eskimokartei zu „Julie von den Wölfen“, Verlag an der Ruhr, Mühlheim/Ruhr 1991, Infoblatt 15; **S. 33:** Tierfotos: Geduldig (F. Reinhard, Layer); Pflanzenfotos: Aus GEO special Nr. 5/Okt. 1995, Alaska, S. 121; **S. 34 und 35:** Foto: AKG Photo; **S. 39:** Foto: Groth-Schmachten/INTERFOTO; **S. 40:** Zeichnung: © Stadtarchiv Stuttgart; **S. 45:** Fotos: Gerhard Sander, Paderborn; **S. 47:** Zeichnung: Marlies Lutz, in: Lesezeichen A/B 7, Ernst Klett Verlag, Stuttgart 1982, S. 108; **S. 48:** Foto: AKG, Berlin; **S. 50:** © picture-alliance/dpa-Fotoreport; **S. 52:** Hans Schulte-Willekes, SCHLAGZEILE, rotfuchs 146, Copyright © 1977 by Rowohlt Taschenbuch Verlag GmbH, Reinbek; **S. 59:** Ernst Barlach, „Der Erlkönig“, Zeichnung, Kohle über Kohlewischgrund, 1923/24, WVZ-Nr. III/1728, © Ernst und Hans Barlach GBR Lizenzverwaltung, Ratzeburg; **S. 60:** Foto: bpk, Berlin; **S. 63, 68 und 79:** Foto: AKG Photo; **S. 89 u.l.:** Zeichnung zu Goethes „Erlkönig“ von Ernst Barlach, © Ernst und Hans Barlach GBR Lizenzverwaltung, Ratzeburg; **o.r.:** © Hans Sündermann, Wiener Institut für Musikalische Grafik; **Mitte rechts:** © Edition Helbling, Innsbruck/Neu-Rum 1981; **o.l.:** © Staatliche Graphische Sammlung, München; **weitere:** Verlagsarchiv Schöningh bzw. von den Verfassern bereitgestellt (Schülerarbeiten)

Wir haben uns in allen Fällen bemüht, den jeweiligen Urheber ausfindig zu machen. Sollte dabei ein Irrtum unterlaufen sein, bitten wir darum, sich mit dem Verlag in Verbindung zu setzen, damit wir eventuelle Korrekturen bzw. übliche Vergütungen vornehmen können.